Bundes-
personal-
vertretungs-
gesetz

Textausgabe mit Wahlordnung

5., aktualisierte Auflage

BUND
VERLAG

Bibliografische Information der Deutschen Nationalbibliothek
Die Deutsche Nationalbibliothek verzeichnet diese Publikation
in der Deutschen Nationalbibliografie; detaillierte bibliografische Daten
sind im Internet über http://dnb.d-nb.de abrufbar.

5., aktualisierte Auflage 2021
© Bund-Verlag GmbH, Emil-von-Behring-Straße 14,
60439 Frankfurt am Main, 2004

Umschlag: Ute Weber, Geretsried
Satz: Dörlemann Satz, Lemförde
Druck: CPI books GmbH, Birkstraße 10, 25917 Leck
ISBN 978-3-7663-7170-6

Das Werk einschließlich aller seiner Teile ist urheberrechtlich geschützt.
Jede Verwertung außerhalb der engen Grenzen des Urheberrechts-
gesetzes ist ohne Zustimmung des Verlages unzulässig und strafbar.
Das gilt insbesondere für Vervielfältigungen, Übersetzungen, Mikro-
verfilmungen und die Speicherung und Verarbeitung in elektronischen
Systemen.

www.bund-verlag.de

Vorwort

Mit der Reform des Bundespersonalvertretungsgesetzes ist die erste große Anpassung des Gesetzes seit 1974 erfolgt. Fällig war sie längst – denn weder spiegelte sich der Wandel der Arbeitswelt bisher im BPersVG noch reichten die Mitbestimmungsrechte von Personalräten an die der Betriebsräte heran.

Schwerpunkte der Novelle:
- Überarbeitung von Wahlrechtsvorschriften, unter anderem mit Absenkung der Altersgrenze für die Wahlberechtigung auf 16 Jahre
- Schaffung von Übergangsmandaten zur Vermeidung personalvertretungsloser Zeiten
- Digitalisierung der Personalratsarbeit, beispielsweise mit Telefon- und Videokonferenzen für Personalratssitzungen als Alternative zu Präsenzsitzungen
- Mitspracherechte bei flexiblen Arbeitszeiten und Mobilarbeit

Die Novellierung stellt die Interessenvertretung vor große Herausforderungen. Zur Erleichterung ihrer Arbeit hat der Bund-Verlag das novellierte Bundespersonalvertretungsgesetz im Taschenformat herausgegeben. In der Textausgabe enthalten ist auch die Wahlordnung zum Bundespersonalvertretungsgesetz.

Frankfurt, im Juli 2021

Bundespersonalvertretungsgesetz (BPersVG)

vom 9. Juni 2021 (BGBl. I S. 1614)

Inhaltsübersicht

Teil 1
Personalvertretungen im Bundesdienst

Kapitel 1
Allgemeine Vorschriften

§ 1	Anwendungsbereich	13
§ 2	Grundsätze der Zusammenarbeit	13
§ 3	Ausschluss abweichender Regelungen	14
§ 4	Begriffsbestimmungen	14
§ 5	Gruppen von Beschäftigten	15
§ 6	Dienststellenaufbau, gemeinsame Dienststellen	15
§ 7	Verselbstständigung von Nebenstellen und Dienststellenteilen	15
§ 8	Vertretung der Dienststelle	15
§ 9	Stellung der Gewerkschaften und Arbeitgebervereinigungen	16
§ 10	Behinderungs-, Benachteiligungs- und Begünstigungsverbot	16
§ 11	Schweigepflicht	16
§ 12	Unfallfürsorge	17

Kapitel 2
Personalrat

Abschnitt 1
Wahl und Zusammensetzung des Personalrats

§ 13	Bildung von Personalräten	17
§ 14	Wahlberechtigung	18
§ 15	Wählbarkeit	18
§ 16	Zahl der Personalratsmitglieder	19
§ 17	Sitzverteilung auf die Gruppen	19
§ 18	Berücksichtigung der Beschäftigungsarten und Geschlechter	20
§ 19	Wahlgrundsätze und Wahlverfahren	20
§ 20	Wahlvorschläge	21
§ 21	Bestellung des Wahlvorstands durch den Personalrat	21
§ 22	Wahl des Wahlvorstands durch die Personalversammlung	22
§ 23	Bestellung des Wahlvorstands durch die Leiterin oder den Leiter der Dienststelle	22
§ 24	Aufgaben des Wahlvorstands	22
§ 25	Schutz und Kosten der Wahl	23
§ 26	Anfechtung der Wahl	23

Abschnitt 2
Amtszeit

§ 27	Zeitpunkt der Wahl, Amtszeit	24
§ 28	Vorzeitige Neuwahl	24
§ 29	Übergangsmandat und Restmandat bei Umstrukturierungsmaßnahmen	25
§ 30	Ausschluss eines Mitglieds und Auflösung des Personalrats	27
§ 31	Erlöschen der Mitgliedschaft	27
§ 32	Ruhen der Mitgliedschaft	28
§ 33	Eintritt von Ersatzmitgliedern	28

Abschnitt 3
Geschäftsführung

§ 34	Vorstand	28
§ 35	Vorsitz	29
§ 36	Anberaumung von Sitzungen	29
§ 37	Teilnahme- und Stimmrecht sonstiger Personen	30
§ 38	Zeitpunkt der Sitzungen und Nichtöffentlichkeit	30
§ 39	Beschlussfassung	31
§ 40	Beschlussfassung in gemeinsamen Angelegenheiten und in Gruppenangelegenheiten	32
§ 41	Ausschluss von Beratung und Beschlussfassung	32
§ 42	Aussetzung von Beschlüssen	33
§ 43	Protokoll	34
§ 44	Geschäftsordnung	34
§ 45	Sprechstunden	34
§ 46	Kosten der Personalratstätigkeit	34
§ 47	Sachaufwand und Büropersonal	35
§ 48	Bekanntmachungen und Aushänge	35
§ 49	Verbot der Beitragserhebung	35

Abschnitt 4
Rechtsstellung der Personalratsmitglieder

§ 50	Ehrenamtlichkeit	35
§ 51	Versäumnis von Arbeitszeit	35
§ 52	Freistellung	36
§ 53	Auswahl der freizustellenden Mitglieder	37
§ 54	Teilnahme an Schulungs- und Bildungsveranstaltungen	37
§ 55	Schutz vor Kündigung, Versetzung, Abordnung und Zuweisung	38
§ 56	Besonderer Schutz der Auszubildenden	38

Kapitel 3
Personalversammlung

§ 57	Zusammensetzung, Leitung, Teilversammlung	39
§ 58	Nichtöffentlichkeit, Teilnahmerechte	40

§ 59	Ordentliche und außerordentliche Personalversammlung	40
§ 60	Zeitpunkt, Dienstbefreiung, Bezüge, Fahrtkosten	41
§ 61	Befugnisse	41

Kapitel 4
Beteiligung des Personalrats

Abschnitt 1
Allgemeines

§ 62	Allgemeine Aufgaben	42
§ 63	Dienstvereinbarungen	43
§ 64	Durchführung der Entscheidungen	43

Abschnitt 2
Unterrichtungs- und Teilnahmerechte, Datenschutz

§ 65	Monatsgespräch	43
§ 66	Informationspflicht der Dienststelle	44
§ 67	Beratende Teilnahme an Prüfungen	44
§ 68	Hinzuziehung in Fragen des Arbeitsschutzes und der Unfallverhütung	44
§ 69	Datenschutz	45

Abschnitt 3
Mitbestimmung

Unterabschnitt 1
Verfahren der Mitbestimmung

§ 70	Verfahren zwischen Dienststelle und Personalrat	45
§ 71	Stufenverfahren	46
§ 72	Anrufung der Einigungsstelle	47
§ 73	Bildung und Zusammensetzung der Einigungsstelle	47
§ 74	Verfahren der Einigungsstelle	47
§ 75	Bindung an die Beschlüsse der Einigungsstelle	48
§ 76	Vorläufige Maßnahmen	48
§ 77	Initiativrecht des Personalrats	48

Unterabschnitt 2
Angelegenheiten der Mitbestimmung

§ 78	Mitbestimmung in Personalangelegenheiten	49
§ 79	Mitbestimmung in sozialen Angelegenheiten	51
§ 80	Mitbestimmung in organisatorischen Angelegenheiten	51

Abschnitt 4
Mitwirkung

Unterabschnitt 1
Verfahren der Mitwirkung

§ 81	Verfahren zwischen Dienststelle und Personalrat	53
§ 82	Stufenverfahren	54
§ 83	Vorläufige Maßnahmen	54

Unterabschnitt 2
Angelegenheiten der Mitwirkung

§ 84	Angelegenheiten der Mitwirkung	54
§ 85	Ordentliche Kündigung	55

Abschnitt 5
Anhörung

§ 86	Außerordentliche Kündigung und fristlose Entlassung	56
§ 87	Weitere Angelegenheiten der Anhörung	57

Kapitel 5
Stufenvertretungen und Gesamtpersonalrat

Abschnitt 1
Bildung und Beteiligung der Stufenvertretungen

§ 88	Errichtung	57
§ 89	Wahl und Zusammensetzung	57
§ 90	Amtszeit und Geschäftsführung	58
§ 91	Rechtsstellung	58
§ 92	Zuständigkeit	58

Abschnitt 2
Bildung und Beteiligung des Gesamtpersonalrats

§ 93	Errichtung	59
§ 94	Anzuwendende Vorschriften	59
§ 95	Zuständigkeit	59

Kapitel 6
Arbeitsgemeinschaft der Hauptpersonalräte

§ 96	Zusammensetzung, Amtszeit, Teilnahmerechte	59
§ 97	Geschäftsführung und Rechtsstellung	60
§ 98	Stellungnahmerecht bei ressortübergreifenden Digitalisierungsmaßnahmen	61

Kapitel 7
Jugend- und Auszubildendenvertretung, Jugend- und Auszubildendenversammlung

§ 99	Errichtung	62
§ 100	Wahlberechtigung und Wählbarkeit	62
§ 101	Größe und Zusammensetzung	62
§ 102	Wahl, Amtszeit und Vorsitz	63
§ 103	Aufgaben	64
§ 104	Zusammenarbeit mit dem Personalrat	64
§ 105	Anzuwendende Vorschriften	65
§ 106	Jugend- und Auszubildendenversammlung	65
§ 107	Stufenvertretungen	66

Kapitel 8
Gerichtliche Entscheidungen

§ 108	Zuständigkeit der Verwaltungsgerichte, Anwendung des Arbeitsgerichtsgesetzes	66
§ 109	Bildung von Fachkammern und Fachsenaten	67

BPersVG

Kapitel 9
Sondervorschriften

Abschnitt 1
Vorschriften für besondere Verwaltungszweige

§ 110	Grundsatz	67
§ 111	Bundespolizei	67
§ 112	Bundesnachrichtendienst	68
§ 113	Bundesamt für Verfassungsschutz	70
§ 114	Bundesagentur für Arbeit und andere bundesunmittelbare Körperschaften des öffentlichen Rechts im Bereich der Sozialversicherung	70
§ 115	Deutsche Bundesbank	71
§ 116	Deutsche Welle	71
§ 117	Geschäftsbereich des Bundesministeriums der Verteidigung.	73

Abschnitt 2
Dienststellen des Bundes im Ausland

§ 118	Grundsatz	74
§ 119	Allgemeine Regelungen	74
§ 120	Vertrauensperson der lokal Beschäftigten	74
§ 121	Ergänzende Regelungen für die Dienststellen im Geschäftsbereich des Auswärtigen Amts mit Ausnahme der Dienststellen des Deutschen Archäologischen Instituts	76
§ 122	Ergänzende Regelungen für die Dienststellen des Deutschen Archäologischen Instituts	77
§ 123	Ergänzende Regelungen für die Dienststellen des Bundesnachrichtendienstes	77
§ 124	Ergänzende Regelungen für die Dienststellen im Geschäftsbereich des Bundesministeriums der Verteidigung	77

Abschnitt 3
Behandlung von Verschlusssachen

§ 125	Ausschuss für Verschlusssachen und Verfahren	78

Teil 2
Für die Länder geltende Vorschriften

§ 126	Anwendungsbereich	80
§ 127	Besonderer Schutz von Funktionsträgern	80
§ 128	Beteiligung bei Kündigungen	80

Teil 3
Schlussvorschriften

§ 129	Verordnungsermächtigung	81
§ 130	Übergangsregelung für bestehende Jugend- und Auszubildendenvertretungen und Personalvertretungen .	81
§ 131	Übergangsregelung für die Personalvertretungen in den Ländern	82

Teil 1
Personalvertretungen im Bundesdienst

Kapitel 1
Allgemeine Vorschriften

§ 1 Anwendungsbereich

(1) ¹Dieser Teil gilt für die Verwaltungen des Bundes und die bundesunmittelbaren Körperschaften, Anstalten und Stiftungen des öffentlichen Rechts sowie die Gerichte des Bundes. ²Zu den Verwaltungen im Sinne dieses Gesetzes gehören auch die Betriebsverwaltungen.

(2) Dieses Gesetz gilt nicht für Religionsgemeinschaften und ihre karitativen und erzieherischen Einrichtungen ohne Rücksicht auf ihre Rechtsform; ihnen bleibt die selbständige Ordnung eines Personalvertretungsrechts überlassen.

§ 2 Grundsätze der Zusammenarbeit

(1) Dienststelle und Personalvertretung arbeiten unter Beachtung der Gesetze und Tarifverträge vertrauensvoll zum Wohl der Beschäftigten und zur Erfüllung der der Dienststelle obliegenden Aufgaben zusammen.

(2) ¹Dienststelle und Personalvertretung haben alles zu unterlassen, was geeignet ist, die Arbeit und den Frieden der Dienststelle zu beeinträchtigen. ²Insbesondere dürfen sie keine Maßnahmen des Arbeitskampfes gegeneinander durchführen. ³Die Zulässigkeit von Arbeitskämpfen tariffähiger Parteien wird hierdurch nicht berührt.

(3) Außenstehende Stellen dürfen erst angerufen werden, wenn eine Einigung in der Dienststelle nicht erzielt worden ist.

(4) ¹Dienststelle und Personalvertretung haben darüber zu wachen, dass alle Angehörigen der Dienststelle nach Recht und Billigkeit behandelt werden. ²Dazu zählt insbesondere, dass jede Benachteiligung von Personen wegen ihrer ethnischen Herkunft, ihrer Abstammung oder sonstigen Herkunft, ihrer Nationalität, ihrer Religion oder Weltanschauung, ihrer Behinderung, ihres Alters, ihrer politischen oder gewerkschaftlichen Betätigung oder Einstellung oder wegen ihres Geschlechts oder ihrer sexuellen Identität unterbleibt. ³Dabei müssen Dienststelle und Perso-

nalvertretung sich so verhalten, dass das Vertrauen der Verwaltungsangehörigen in die Objektivität und Neutralität ihrer Amtsführung nicht beeinträchtigt wird.

(5) Die Leiterin oder der Leiter der Dienststelle und ihre oder seine Vertretung sowie die Personalvertretung und ihre Mitglieder haben jede parteipolitische Betätigung in der Dienststelle zu unterlassen; die Behandlung von Tarif-, Besoldungs- und Sozialangelegenheiten wird hierdurch nicht berührt.

§ 3 Ausschluss abweichender Regelungen
Durch Tarifvertrag oder Dienstvereinbarung kann das Personalvertretungsrecht nicht abweichend von diesem Gesetz geregelt werden.

§ 4 Begriffsbestimmungen
(1) Im Sinne dieses Gesetzes sind:
1. Arbeitnehmerinnen und Arbeitnehmer die Beschäftigten, die nach dem für die Dienststelle maßgebenden Tarifvertrag oder nach der Dienstordnung Arbeitnehmerinnen und Arbeitnehmer sind, die als übertarifliche Arbeitnehmerinnen und Arbeitnehmer beschäftigt werden oder die sich in einer beruflichen Ausbildung befinden,
2. Arbeitstage die Wochentage Montag bis Freitag mit Ausnahme der gesetzlichen Feiertage,
3. Beamtinnen und Beamte die Beschäftigten, die nach den jeweils für sie geltenden Beamtengesetzen Beamtinnen und Beamte sind,
4. Behörden der Mittelstufe die der obersten Dienstbehörde im Sinne dieses Gesetzes unmittelbar nachgeordneten Behörden, denen andere Dienststellen nachgeordnet sind,
5. Beschäftigte im öffentlichen Dienst vorbehaltlich des Absatzes 2 die Beamtinnen und Beamten sowie die Arbeitnehmerinnen und Arbeitnehmer einschließlich der zu ihrer Berufsausbildung Beschäftigten sowie Richterinnen und Richter, die an eine der in § 1 Absatz 1 genannten Verwaltungen oder zur Wahrnehmung einer nichtrichterlichen Tätigkeit an ein Gericht des Bundes abgeordnet sind,
6. Dienststellen vorbehaltlich des § 6 die einzelnen Behörden, Verwaltungsstellen und Betriebe der in § 1 Absatz 1 genannten Verwaltungen sowie die Gerichte,
7. Personalvertretungen die Personalräte, die Stufenvertretungen und die Gesamtpersonalräte.

(2) Als Beschäftigte im Sinne dieses Gesetzes gelten nicht Personen,
1. deren Beschäftigung überwiegend durch Beweggründe karitativer oder religiöser Art bestimmt ist oder
2. die überwiegend zu ihrer Heilung, Wiedereingewöhnung oder Erziehung beschäftigt werden.

§ 5 Gruppen von Beschäftigten
¹Die Beamtinnen und Beamten sowie die Arbeitnehmerinnen und Arbeitnehmer bilden je eine Gruppe. ²Die in § 4 Absatz 1 Nummer 5 bezeichneten Richterinnen und Richter treten zur Gruppe der Beamtinnen und Beamten hinzu.

§ 6 Dienststellenaufbau, gemeinsame Dienststellen
(1) ¹Die einer Behörde der Mittelstufe unmittelbar nachgeordnete Behörde bildet mit den ihr nachgeordneten Stellen eine Dienststelle. ²Dies gilt nicht, soweit die weiter nachgeordneten Stellen im Verwaltungsaufbau nach Aufgabenbereich und Organisation selbständig sind.

(2) Bei gemeinsamen Dienststellen des Bundes und anderer Körperschaften gelten nur die im Bundesdienst Beschäftigten als zur Dienststelle gehörig.

§ 7 Verselbstständigung von Nebenstellen und Dienststellenteilen
¹Nebenstellen und Teile einer Dienststelle, die räumlich weit von dieser entfernt liegen, gelten als selbständige Dienststellen, wenn die Mehrheit ihrer wahlberechtigten Beschäftigten dies in geheimer Abstimmung beschließt. ²Der Beschluss ist für die folgende Wahl und die Amtszeit der aus ihr hervorgehenden Personalvertretung wirksam.

§ 8 Vertretung der Dienststelle
¹Für die Dienststelle handelt ihre Leiterin oder ihr Leiter. ²Sie oder er kann sich bei Verhinderung durch ihre oder seine ständige Vertreterin oder ihren oder seinen ständigen Vertreter vertreten lassen. ³Bei obersten Dienstbehörden kann die Leiterin oder der Leiter der Dienststelle auch die Leiterin oder den Leiter der Abteilung für Personal- und Verwaltungsangelegenheiten, bei Bundesoberbehörden ohne nachgeordnete Dienststellen und bei Behörden der Mittelstufe auch die jeweils entsprechende Abteilungsleiterin oder den jeweils entsprechenden Abteilungsleiter zur Vertreterin oder zum Vertreter bestimmen. ⁴Die Vertretung

durch sonstige Beauftragte ist zulässig, sofern der Personalrat sich mit dieser Beauftragung einverstanden erklärt.

§ 9 Stellung der Gewerkschaften und Arbeitgebervereinigungen
(1) Dienststelle und Personalvertretung arbeiten mit den in der Dienststelle vertretenen Gewerkschaften und Arbeitgebervereinigungen zum Wohl der Beschäftigten und zur Erfüllung der der Dienststelle obliegenden Aufgaben vertrauensvoll zusammen.

(2) Den Beauftragten der in der Dienststelle vertretenen Gewerkschaften ist zur Wahrnehmung der in diesem Gesetz genannten Aufgaben und Befugnisse nach Unterrichtung der Dienststelle Zugang zu der Dienststelle zu gewähren, soweit dem nicht zwingende dienstliche Gründe, zwingende Sicherheitsvorschriften oder der Schutz von Dienstgeheimnissen entgegenstehen.

(3) ¹Die Aufgaben der Gewerkschaften und der Vereinigungen der Arbeitgeber, insbesondere die Wahrnehmung der Interessen ihrer Mitglieder, werden durch dieses Gesetz nicht berührt. ²Auf Verlangen einer Gewerkschaft oder einer Vereinigung der Arbeitgeber hat die Dienststelle in ihrem Intranet auf den Internetauftritt der Gewerkschaft oder der Arbeitgebervereinigung zu verlinken.

(4) Beschäftigte, die Aufgaben nach diesem Gesetz wahrnehmen, werden in der Betätigung für ihre Gewerkschaft auch in der Dienststelle nicht beschränkt.

(5) Die Personalvertretung hat sich für die Wahrung der Vereinigungsfreiheit der Beschäftigten einzusetzen.

§ 10 Behinderungs-, Benachteiligungs- und Begünstigungsverbot
Personen, die Aufgaben oder Befugnisse nach diesem Gesetz wahrnehmen, dürfen dabei nicht behindert und deswegen nicht benachteiligt oder begünstigt werden; dies gilt auch in Bezug auf ihre berufliche Entwicklung.

§ 11 Schweigepflicht
(1) ¹Personen, die Aufgaben oder Befugnisse nach diesem Gesetz wahrnehmen oder wahrgenommen haben, haben über die ihnen dabei bekannt werdenden oder bekannt gewordenen Angelegenheiten und Tat-

sachen Stillschweigen zu bewahren. ²Abgesehen von den Fällen des § 66 Absatz 2 Satz 1 und des § 125 gilt die Schweigepflicht nicht
1. für Mitglieder der Personalvertretung und der Jugend- und Auszubildendenvertretung gegenüber den übrigen Mitgliedern der Vertretung,
2. für die in Absatz 1 Satz 1 bezeichneten Personen gegenüber der zuständigen Personalvertretung,
3. gegenüber der vorgesetzten Dienststelle, der bei ihr gebildeten Stufenvertretung und gegenüber dem Gesamtpersonalrat sowie
4. für die Anrufung der Einigungsstelle.

(2) Die Schweigepflicht besteht nicht in Bezug auf Angelegenheiten oder Tatsachen, die offenkundig sind oder ihrer Bedeutung nach keiner Geheimhaltung bedürfen.

§ 12 Unfallfürsorge
Erleidet eine Beamtin oder ein Beamter anlässlich der Wahrnehmung von Rechten oder Erfüllung von Pflichten nach diesem Gesetz einen Unfall, der im Sinne der beamtenrechtlichen Unfallfürsorgevorschriften ein Dienstunfall wäre, so sind diese Vorschriften entsprechend anzuwenden.

Kapitel 2
Personalrat

Abschnitt 1
Wahl und Zusammensetzung des Personalrats

§ 13 Bildung von Personalräten
(1) In Dienststellen, die in der Regel mindestens fünf Wahlberechtigte beschäftigen, von denen drei wählbar sind, werden Personalräte gebildet.

(2) Dienststellen, bei denen die Voraussetzungen des Absatzes 1 nicht gegeben sind, werden von der übergeordneten Dienststelle im Einvernehmen mit der Stufenvertretung einer benachbarten Dienststelle zugeordnet.

§ 14 Wahlberechtigung

(1) Wahlberechtigt sind Beschäftigte, die am Wahltag das 16. Lebensjahr vollendet haben, es sei denn, dass sie
1. infolge Richterspruchs das Recht, in öffentlichen Angelegenheiten zu wählen oder zu stimmen, nicht besitzen,
2. am Wahltag seit mehr als zwölf Monaten beurlaubt sind oder
3. Altersteilzeit im Blockmodell ausüben und sich am Wahltag in der Freistellung befinden.

(2) ¹Wer zu einer Dienststelle abgeordnet ist, wird dort wahlberechtigt, sobald die Abordnung länger als drei Monate gedauert hat; im gleichen Zeitpunkt verliert er das Wahlrecht in der bisherigen Dienststelle. ²Das gilt nicht für Beschäftigte, die als Mitglieder einer Stufenvertretung oder des Gesamtpersonalrats freigestellt sind. ³Satz 1 gilt ferner nicht, wenn feststeht, dass die oder der Beschäftigte binnen weiterer neun Monate zur bisherigen Dienststelle zurückkehren wird. ⁴Hinsichtlich des Verlustes des Wahlrechts in der bisherigen Dienststelle gelten die Sätze 1 und 3 entsprechend in Fällen einer Zuweisung nach § 29 des Bundesbeamtengesetzes, nach den tarifvertraglichen Bestimmungen oder auf Grund entsprechender arbeitsvertraglicher Vereinbarung.

(3) Beamtinnen und Beamte im Vorbereitungsdienst sowie Arbeitnehmerinnen und Arbeitnehmer in entsprechender Berufsausbildung sind nur bei ihrer Stammbehörde wahlberechtigt.

§ 15 Wählbarkeit

(1) ¹Wählbar sind die Wahlberechtigten, die am Wahltag
1. das 18. Lebensjahr vollendet haben und
2. seit sechs Monaten Beschäftigte im öffentlichen Dienst des Bundes sind.

²Besteht die Dienststelle weniger als ein Jahr, ist Satz 1 Nummer 2 nicht anzuwenden.

(2) Nicht wählbar sind
1. Beschäftigte, die infolge Richterspruchs nicht die Fähigkeit besitzen, Rechte aus öffentlichen Wahlen zu erlangen,
2. Beschäftigte, die am Wahltag noch länger als zwölf Monate beurlaubt sind,
3. für die Wahl in eine Stufenvertretung die in § 14 Absatz 3 genannten Personen oder

4. für die Wahl der Personalvertretung ihrer Dienststelle die in § 8 genannten Personen sowie Beschäftigte, die zu selbständigen Entscheidungen in Personalangelegenheiten der Dienststelle befugt sind.

§ 16 Zahl der Personalratsmitglieder
(1) ¹Der Personalrat besteht in Dienststellen mit in der Regel
1. 5 bis 20 wahlberechtigten Beschäftigten aus einem Mitglied,
2. 21 Wahlberechtigten bis 50 Beschäftigten aus drei Mitgliedern,
3. 51 bis 150 Beschäftigten aus fünf Mitgliedern,
4. 151 bis 300 Beschäftigten aus sieben Mitgliedern,
5. 301 bis 600 Beschäftigten aus neun Mitgliedern,
6. 601 bis 1000 Beschäftigten aus elf Mitgliedern.

²Die Zahl der Mitglieder erhöht sich in Dienststellen mit 1001 bis 5000 Beschäftigten um je zwei Mitglieder für je weitere angefangene 1000 Beschäftigte und in Dienststellen mit mehr als 5000 Beschäftigten um je zwei Mitglieder für je weitere angefangene 2000 Beschäftigte.

(2) Die Höchstzahl der Mitglieder beträgt 31.

§ 17 Sitzverteilung auf die Gruppen
(1) ¹Sind in der Dienststelle Angehörige verschiedener Gruppen beschäftigt, so muss jede Gruppe entsprechend ihrer Stärke im Personalrat vertreten sein, wenn dieser aus mindestens drei Mitgliedern besteht. ²Bei gleicher Stärke der Gruppen entscheidet das Los. ³Macht eine Gruppe von ihrem Recht, im Personalrat vertreten zu sein, keinen Gebrauch, so verliert sie ihren Anspruch auf Vertretung.

(2) Der Wahlvorstand errechnet die Verteilung der Sitze auf die Gruppen nach den Grundsätzen der Verhältniswahl.

(3) Eine Gruppe erhält
1. bei weniger als 51 Gruppenangehörigen mindestens eine Vertreterin oder einen Vertreter,
2. bei 51 bis 200 Gruppenangehörigen mindestens zwei Vertreterinnen oder Vertreter,
3. bei 201 bis 600 Gruppenangehörigen mindestens drei Vertreterinnen oder Vertreter,
4. bei 601 bis 1000 Gruppenangehörigen mindestens vier Vertreterinnen oder Vertreter,

5. bei 1001 bis 3000 Gruppenangehörigen mindestens fünf Vertreterinnen oder Vertreter,
6. bei mehr als 3000 Gruppenangehörigen mindestens sechs Vertreterinnen oder Vertreter.

(4) ¹Die Zahl der Mitglieder eines Personalrats, der nach § 16 Absatz 1 Satz 1 Nummer 2 aus drei Mitgliedern besteht, erhöht sich auf vier Mitglieder, wenn eine Gruppe mindestens ebenso viele Beschäftigte zählt wie die beiden anderen Gruppen zusammen. ²Das vierte Mitglied steht der stärksten Gruppe zu.

(5) ¹Eine Gruppe, der in der Regel nicht mehr als fünf Beschäftigte angehören, erhält nur dann eine Vertretung, wenn sie mindestens 5 Prozent der Beschäftigten der Dienststelle umfasst. ²Erhält sie keine Vertretung und findet Gruppenwahl statt, so kann sich jede und jeder Angehörige dieser Gruppe durch Erklärung gegenüber dem Wahlvorstand einer anderen Gruppe anschließen.

(6) Die Verteilung der Mitglieder des Personalrats auf die Gruppen kann abweichend geordnet werden, wenn jede Gruppe dies vor der Neuwahl in getrennter geheimer Abstimmung beschließt.

(7) ¹Für jede Gruppe können auch Angehörige anderer Gruppen vorgeschlagen werden. ²Die Gewählten gelten als Vertreterinnen oder Vertreter derjenigen Gruppe, für die sie vorgeschlagen worden sind. ³Satz 2 gilt auch für Ersatzmitglieder.

§ 18 Berücksichtigung der Beschäftigungsarten und Geschlechter
(1) Der Personalrat soll sich aus Vertreterinnen und Vertretern der verschiedenen Beschäftigungsarten zusammensetzen.

(2) Frauen und Männer sollen im Personalrat entsprechend dem Zahlenverhältnis in der Dienststelle vertreten sein.

§ 19 Wahlgrundsätze und Wahlverfahren
(1) Der Personalrat wird in geheimer und unmittelbarer Wahl gewählt.

(2) ¹Besteht der Personalrat aus mehr als einer Person, so wählen die Beamtinnen und Beamten sowie die Arbeitnehmerinnen und Arbeitnehmer ihre Vertreterinnen und Vertreter nach § 17 je in getrennten Wahlgängen, es sei denn, dass die wahlberechtigten Angehörigen jeder Gruppe vor der Neuwahl in getrennten geheimen Abstimmungen die

gemeinsame Wahl beschließen. ²Der Beschluss bedarf der Mehrheit der Stimmen aller Wahlberechtigten jeder Gruppe.

(3) ¹Die Wahl wird nach den Grundsätzen der Verhältniswahl durchgeführt. ²Wird nur ein Wahlvorschlag eingereicht, so findet Personenwahl statt. ³In Dienststellen, deren Personalrat aus einer Person besteht, wird dieser mit Stimmenmehrheit gewählt. ⁴Das Gleiche gilt für Gruppen, denen nur eine Vertreterin oder ein Vertreter im Personalrat zusteht.

§ 20 Wahlvorschläge

(1) ¹Zur Wahl des Personalrats können die wahlberechtigten Beschäftigten und die in der Dienststelle vertretenen Gewerkschaften Wahlvorschläge machen. ²Jeder Wahlvorschlag der Beschäftigten muss von mindestens 5 Prozent der wahlberechtigten Gruppenangehörigen, jedoch mindestens von drei Wahlberechtigten unterzeichnet sein. ³In jedem Fall genügt die Unterzeichnung durch 50 wahlberechtigte Gruppenangehörige. ⁴Die nach § 15 Absatz 2 Nummer 4 nicht wählbaren Beschäftigten dürfen keine Wahlvorschläge machen oder unterzeichnen.

(2) Ist gemeinsame Wahl beschlossen worden, so muss jeder Wahlvorschlag der Beschäftigten von mindestens 5 Prozent der wahlberechtigten Beschäftigten unterzeichnet sein; Absatz 1 Satz 2 bis 4 gilt entsprechend.

(3) ¹Werden bei gemeinsamer Wahl für eine Gruppe gruppenfremde Bewerberinnen oder Bewerber vorgeschlagen, muss der Wahlvorschlag von mindestens 10 Prozent der wahlberechtigten Angehörigen der Gruppe unterzeichnet sein, für die sie vorgeschlagen sind. ²Absatz 1 Satz 3 und 4 gilt entsprechend.

(4) Eine Person kann nur auf einem Wahlvorschlag benannt werden.

(5) ¹Jeder Wahlvorschlag einer Gewerkschaft muss von zwei Beauftragten unterzeichnet sein; die Beauftragten müssen Beschäftigte der Dienststelle sein und einer in der Dienststelle vertretenen Gewerkschaft angehören. ²Bei Zweifeln an der Beauftragung kann der Wahlvorstand verlangen, dass die Gewerkschaft die Beauftragung bestätigt.

§ 21 Bestellung des Wahlvorstands durch den Personalrat

¹Spätestens acht Wochen vor Ablauf der Amtszeit bestellt der Personalrat drei Wahlberechtigte, die das 18. Lebensjahr vollendet haben, als

Wahlvorstand und eine oder einen von ihnen als Vorsitzende oder Vorsitzenden. ²Der Personalrat kann die Zahl der Wahlvorstandsmitglieder erhöhen, wenn dies zur ordnungsgemäßen Durchführung der Wahl erforderlich ist. ³Der Wahlvorstand muss aus einer ungeraden Zahl von Mitgliedern bestehen. ⁴Sind in der Dienststelle Angehörige verschiedener Gruppen beschäftigt, so muss jede Gruppe im Wahlvorstand vertreten sein. ⁵Hat die Dienststelle weibliche und männliche Beschäftigte, sollen dem Wahlvorstand Frauen und Männer angehören. ⁶Für jedes Mitglied des Wahlvorstands sollen für den Fall seiner Verhinderung bis zu drei Ersatzmitglieder bestellt werden. ⁷Je eine Beauftragte oder ein Beauftragter der in der Dienststelle vertretenen Gewerkschaften ist berechtigt, an den Sitzungen des Wahlvorstands mit beratender Stimme teilzunehmen.

§ 22 Wahl des Wahlvorstands durch die Personalversammlung

(1) ¹Besteht sechs Wochen vor Ablauf der Amtszeit des Personalrats kein Wahlvorstand, so beruft die Leiterin oder der Leiter der Dienststelle auf Antrag von mindestens drei Wahlberechtigten oder einer in der Dienststelle vertretenen Gewerkschaft eine Personalversammlung zur Wahl des Wahlvorstands ein. ²§ 21 gilt entsprechend. ³Die Personalversammlung wählt eine Versammlungsleiterin oder einen Versammlungsleiter.

(2) Besteht in einer Dienststelle, die die Voraussetzungen des § 13 erfüllt, kein Personalrat, so beruft die Leiterin oder der Leiter der Dienststelle eine Personalversammlung zur Wahl des Wahlvorstands ein. Absatz 1 Satz 3 gilt entsprechend.

§ 23 Bestellung des Wahlvorstands durch die Leiterin oder den Leiter der Dienststelle

Findet eine Personalversammlung nach § 22 nicht statt oder wählt die Personalversammlung keinen Wahlvorstand, so bestellt ihn die Leiterin oder der Leiter der Dienststelle auf Antrag von mindestens drei Wahlberechtigten oder einer in der Dienststelle vertretenen Gewerkschaft.

§ 24 Aufgaben des Wahlvorstands

(1) ¹Der Wahlvorstand hat die Wahl unverzüglich nach seiner Bestellung einzuleiten; die Wahl soll spätestens zwei Wochen vor dem Ende der Amtszeit des Personalrats stattfinden. ²Kommt der Wahlvorstand dieser Verpflichtung nicht nach, so beruft die Leiterin oder der Leiter der Dienststelle auf Antrag von mindestens drei Wahlberechtigten oder einer in

der Dienststelle vertretenen Gewerkschaft eine Personalversammlung zur Wahl eines neuen Wahlvorstands ein. ³§ 22 Absatz 1 Satz 3 und § 23 gelten entsprechend.

(2) ¹Unverzüglich nach Abschluss der Wahl nimmt der Wahlvorstand öffentlich die Auszählung der Stimmen vor, stellt deren Ergebnis in einem Protokoll fest und gibt es den Angehörigen der Dienststelle bekannt. ²Der Leiterin oder dem Leiter der Dienststelle und den in der Dienststelle vertretenen Gewerkschaften ist eine Kopie des Protokolls zu übersenden.

§ 25 Schutz und Kosten der Wahl

(1) ¹Niemand darf die Wahl des Personalrats behindern oder in einer gegen die guten Sitten verstoßenden Weise beeinflussen. ²Insbesondere dürfen Wahlberechtigte nicht in der Ausübung des aktiven und passiven Wahlrechts beschränkt werden. ³§ 55 Absatz 1 und 2 Satz 1 und 2 gilt für Mitglieder des Wahlvorstands sowie für Wahlbewerberinnen und Wahlbewerber entsprechend.

(2) ¹Die Kosten der Wahl trägt der Bund. Erforderliche Versäumnis von Arbeitszeit infolge der Ausübung des Wahlrechts, der Teilnahme an den in den §§ 22 und 24 Absatz 1 genannten Personalversammlungen oder der Betätigung im Wahlvorstand hat keine Minderung der Dienstbezüge oder des Arbeitsentgelts zur Folge. ²Für die Mitglieder des Wahlvorstands gelten § 46 Absatz 2 und § 51 Satz 2 entsprechend.

§ 26 Anfechtung der Wahl

Mindestens drei Wahlberechtigte, jede in der Dienststelle vertretene Gewerkschaft oder die Leiterin oder der Leiter der Dienststelle können binnen einer Frist von zwölf Arbeitstagen, vom Tag der Bekanntgabe des Wahlergebnisses an gerechnet, die Wahl beim Verwaltungsgericht anfechten, wenn gegen wesentliche Vorschriften über das Wahlrecht, die Wählbarkeit oder das Wahlverfahren verstoßen worden ist und eine Berichtigung nicht erfolgt ist, es sei denn, dass durch den Verstoß das Wahlergebnis nicht geändert oder beeinflusst werden konnte.

Abschnitt 2
Amtszeit

§ 27 Zeitpunkt der Wahl, Amtszeit

(1) Die regelmäßigen Personalratswahlen finden alle vier Jahre in der Zeit vom 1. März bis 31. Mai statt.

(2) ¹Die Amtszeit des Personalrats beginnt am 1. Juni des Jahres, in dem die regelmäßigen Personalratswahlen stattfinden, und endet mit dem Ablauf von vier Jahren. ²Ist am Tag des Ablaufs der Amtszeit ein neuer Personalrat nicht gewählt oder hat sich am Tag des Ablaufs der Amtszeit noch kein neuer Personalrat konstituiert, führt der Personalrat die Geschäfte weiter, bis sich der neu gewählte Personalrat konstituiert hat, längstens jedoch bis zum Ablauf des 31. Juli.

§ 28 Vorzeitige Neuwahl

(1) Außerhalb des in § 27 Absatz 1 genannten Zeitraums ist der Personalrat neu zu wählen, wenn
1. mit Ablauf von 24 Monaten, vom Tag der Wahl gerechnet, die Zahl der regelmäßig Beschäftigten um die Hälfte, mindestens aber um 50 Personen gestiegen oder gesunken ist,
2. die Gesamtzahl der Mitglieder des Personalrats auch nach Eintreten sämtlicher Ersatzmitglieder um mehr als ein Viertel der vorgeschriebenen Zahl gesunken ist,
3. der Personalrat mit der Mehrheit seiner Mitglieder seinen Rücktritt beschlossen hat,
4. die Personalratswahl mit Erfolg gerichtlich angefochten worden ist,
5. der Personalrat durch gerichtliche Entscheidung aufgelöst ist oder
6. in der Dienststelle kein Personalrat besteht.

(2) In den Fällen des Absatzes 1 Nummer 1 bis 3 führt der Personalrat die Geschäfte weiter, bis sich der neu gewählte Personalrat konstituiert hat.

(3) ¹In den Fällen des Absatzes 1 Nummer 4 und 5 nimmt der Wahlvorstand, der die Neuwahl durchführt, die dem Personalrat nach diesem Gesetz zustehenden Befugnisse und Pflichten wahr, bis sich der neu gewählte Personalrat konstituiert hat. ²Die Bestellung des Wahlvorstands nach § 22 Absatz 2 oder § 23 erfolgt unverzüglich nach Eintritt der Rechtskraft der Entscheidung. ³Der Wahlvorstand hat die Neuwahl unverzüglich einzuleiten.

(4) ¹Ist eine in der Dienststelle vorhandene Gruppe, die bisher im Personalrat vertreten war, durch kein Mitglied des Personalrats mehr vertreten oder wird nach § 26 die Wahl nur einer Gruppe mit Erfolg angefochten, so wählt diese Gruppe neue Mitglieder. ²Der Personalrat bestellt mit seinen verbleibenden Mitgliedern unverzüglich einen aus Angehörigen dieser Gruppe gebildeten Wahlvorstand und nimmt bis zur Neuwahl die der Gruppe nach diesem Gesetz zustehenden Befugnisse und Pflichten wahr.

(5) ¹Hat außerhalb des für die regelmäßigen Personalratswahlen festgelegten Zeitraums eine Personalratswahl stattgefunden, so ist der Personalrat in dem auf die Wahl folgenden nächsten Zeitraum der regelmäßigen Personalratswahlen neu zu wählen. ²Hat die Amtszeit des Personalrats zu Beginn des für die regelmäßigen Personalratswahlen festgelegten Zeitraums noch nicht ein Jahr betragen, so ist der Personalrat in dem übernächsten Zeitraum der regelmäßigen Personalratswahlen neu zu wählen.

§ 29 Übergangsmandat und Restmandat bei Umstrukturierungsmaßnahmen

(1) ¹Wird eine Dienststelle in mehrere Dienststellen aufgespalten oder werden Teile einer Dienststelle in eine neue Dienststelle ausgegliedert, führt der Personalrat die Geschäfte für die ihm bislang zugeordneten Dienststellenteile weiter (Übergangsmandat). ²Der Personalrat hat unverzüglich nach Wirksamwerden der Organisationsmaßnahme einen Wahlvorstand in der neuen Dienststelle zu bestellen. ³Das Übergangsmandat endet, sobald sich der neu gewählte Personalrat konstituiert hat, spätestens jedoch sechs Monate nach Wirksamwerden der Organisationsmaßnahme. ⁴Durch Vereinbarung zwischen der neuen Dienststelle und dem Personalrat kann das Übergangsmandat um weitere sechs Monate verlängert werden.

(2) ¹Werden Dienststellen oder Teile mehrerer Dienststellen zu einer neuen Dienststelle zusammengelegt, nimmt der Personalrat derjenigen Dienststelle, aus der die meisten Beschäftigten zu der neuen Dienststelle übergegangen sind, das Übergangsmandat wahr. ²Absatz 1 Satz 2 bis 4 gilt entsprechend.

(3) ¹Wird im Geschäftsbereich einer obersten Dienstbehörde eine Dienststelle neu errichtet, ohne dass die Voraussetzungen des Absat-

zes 1 Satz 1 oder des Absatzes 2 Satz 1 vorliegen, so nimmt die bei der übergeordneten Dienststelle gebildete Stufenvertretung oder, wenn eine solche nicht besteht, der bei der übergeordneten Dienststelle gebildete Personalrat das Übergangsmandat wahr. ²Absatz 1 Satz 2 bis 4 gilt entsprechend.

(4) ¹Werden Teile einer Dienststelle in eine andere Dienststelle eingegliedert und steigt oder sinkt hierdurch in der abgebenden oder in der aufnehmenden Dienststelle die Zahl der regelmäßig Beschäftigten um ein Viertel, mindestens aber um 50 Personen, ist der Personalrat der hiervon betroffenen Dienststelle abweichend von § 28 Absatz 1 Nummer 1 neu zu wählen. ²Dies gilt nicht, wenn die Eingliederung weniger als zwölf Monate vor dem Ende der regelmäßigen Amtszeit des Personalrats wirksam wird. ³Wird eine Dienststelle vollständig in eine andere Dienststelle eingegliedert, gelten die Sätze 1 und 2 entsprechend für den Personalrat der aufnehmenden Dienststelle.

(5) Wird eine Dienststelle aufgelöst, bleibt deren Personalrat so lange im Amt, wie dies zur Wahrnehmung der damit im Zusammenhang stehenden Beteiligungsrechte erforderlich ist.

(6) ¹Geht eine Dienststelle durch Umwandlung oder eine anderweitige Privatisierungsmaßnahme in eine Rechtsform des Privatrechts über, bleibt deren Personalrat im Amt und führt die Geschäfte weiter, wenn die Voraussetzungen des § 1 Absatz 1 Satz 1 des Betriebsverfassungsgesetzes erfüllt sind und ein Betriebsrat nicht besteht. ²Werden Dienststellen oder Teile mehrerer Dienststellen zu einem Betrieb im Sinne des § 1 Absatz 1 Satz 1 des Betriebsverfassungsgesetzes zusammengefasst, bestimmt sich der das Übergangsmandat wahrnehmende Personalrat in entsprechender Anwendung des Absatzes 2 Satz 1. ³Der Personalrat nimmt die Aufgaben eines Betriebsrats nach dem Betriebsverfassungsgesetz wahr und hat unverzüglich den Wahlvorstand zur Einleitung der Betriebsratswahl zu bestellen. ⁴Für das Ende des Übergangsmandats gilt § 21a Absatz 1 Satz 3 und 4 des Betriebsverfassungsgesetzes entsprechend. ⁵Auf die bis zum Zeitpunkt des Wirksamwerdens der Privatisierungsmaßnahme eingeleiteten Beteiligungsverfahren, Verfahren vor der Einigungsstelle und den Verwaltungsgerichten sind die Bestimmungen dieses Gesetzes anzuwenden. ⁶Die in den bisherigen Dienststellen bestehenden Dienstvereinbarungen gelten für die Beschäftigten aus die-

sen Dienststellen längstens für zwölf Monate nach Wirksamwerden der Privatisierungsmaßnahme als Betriebsvereinbarung fort, soweit sie nicht durch eine andere Regelung ersetzt werden.

(7) Auf Wahlen nach den Absätzen 1 bis 4 ist § 28 Absatz 5 anzuwenden.

§ 30 Ausschluss eines Mitglieds und Auflösung des Personalrats
¹Auf Antrag eines Viertels der Wahlberechtigten oder einer in der Dienststelle vertretenen Gewerkschaft kann das Verwaltungsgericht den Ausschluss eines Mitglieds aus dem Personalrat oder die Auflösung des Personalrats wegen grober Vernachlässigung seiner gesetzlichen Befugnisse oder wegen grober Verletzung seiner gesetzlichen Pflichten beschließen. Der Personalrat kann aus den gleichen Gründen den Ausschluss eines Mitglieds beantragen. ²Die Leiterin oder der Leiter der Dienststelle kann den Ausschluss eines Mitglieds aus dem Personalrat oder die Auflösung des Personalrats wegen grober Verletzung seiner gesetzlichen Pflichten beantragen.

§ 31 Erlöschen der Mitgliedschaft
(1) Die Mitgliedschaft im Personalrat erlischt durch
1. Ablauf der Amtszeit,
2. Niederlegung des Amtes,
3. Beendigung des Dienst- oder Arbeitsverhältnisses,
4. Ausscheiden aus der Dienststelle,
5. Verlust der Wählbarkeit,
6. Eintritt in eine mehr als zwölfmonatige Beurlaubung,
7. Eintritt in die Freistellungsphase der Altersteilzeit im Blockmodell,
8. Ausschluss aus dem Personalrat oder Auflösung des Personalrats auf Grund einer gerichtlichen Entscheidung oder
9. gerichtliche Entscheidung über die Feststellung der Nichtwählbarkeit nach Ablauf der in § 26 bezeichneten Frist, es sei denn, der Mangel liegt nicht mehr vor.

(2) Die Mitgliedschaft im Personalrat wird durch einen Wechsel der Gruppenzugehörigkeit eines Mitglieds nicht berührt; dieses vertritt weiterhin die Gruppe, von der es gewählt wurde.

§ 32 Ruhen der Mitgliedschaft
Die Mitgliedschaft einer Beamtin oder eines Beamten im Personalrat ruht, solange ihr oder ihm die Führung der Dienstgeschäfte verboten oder sie oder er wegen eines schwebenden Disziplinarverfahrens vorläufig des Dienstes enthoben ist.

§ 33 Eintritt von Ersatzmitgliedern
(1) ¹Scheidet ein Mitglied aus dem Personalrat aus, so tritt ein Ersatzmitglied ein. ²Das Gleiche gilt, wenn ein Mitglied des Personalrats zeitweilig verhindert ist.

(2) ¹Die Ersatzmitglieder werden der Reihe nach aus den nicht gewählten Beschäftigten derjenigen Vorschlagslisten entnommen, denen die zu ersetzenden Mitglieder angehören. ²Ist das ausgeschiedene oder verhinderte Mitglied mit einfacher Stimmenmehrheit gewählt, so tritt der nicht gewählte Beschäftigte mit der nächsthöheren Stimmenzahl als Ersatzmitglied ein.

(3) § 31 Absatz 2 gilt entsprechend bei einem Wechsel der Gruppenzugehörigkeit vor dem Eintritt des Ersatzmitglieds in den Personalrat.

(4) Ist die Personalratswahl mit Erfolg angefochten worden oder der Personalrat durch gerichtliche Entscheidung aufgelöst, treten Ersatzmitglieder nicht ein.

Abschnitt 3
Geschäftsführung

§ 34 Vorstand
(1) ¹Der Personalrat bildet aus seiner Mitte den Vorstand. ²Diesem muss ein Mitglied jeder im Personalrat vertretenen Gruppe angehören. ³Die Vertreterinnen und Vertreter jeder Gruppe wählen das auf ihre Gruppe entfallende Vorstandsmitglied. ⁴Der Vorstand führt die laufenden Geschäfte.

(2) ¹Hat der Personalrat elf oder mehr Mitglieder, so wählt er aus seiner Mitte mit einfacher Stimmenmehrheit zwei weitere Mitglieder in den Vorstand. ²Sind Mitglieder des Personalrats aus Wahlvorschlagslisten mit verschiedenen Bezeichnungen gewählt worden und sind im Vorstand Mitglieder aus derjenigen Liste nicht vertreten, die die größte oder zweit-

größte Anzahl, mindestens jedoch ein Drittel aller von den Angehörigen der Dienststelle abgegebenen Stimmen erhalten hat, so ist eines der weiteren Vorstandsmitglieder aus dieser Liste zu wählen.

§ 35 Vorsitz

(1) ¹Der Personalrat bestimmt mit einfacher Mehrheit, welches der nach § 34 Absatz 1 gewählten Vorstandsmitglieder den Vorsitz übernimmt. ²Er bestimmt zugleich die Vertretung der oder des Vorsitzenden. ³Dabei sind die Gruppen zu berücksichtigen, denen der oder die Vorsitzende nicht angehört, es sei denn, dass die Vertreterinnen und Vertreter dieser Gruppen darauf verzichten.

(2) ¹Die oder der Vorsitzende vertritt den Personalrat im Rahmen der von diesem gefassten Beschlüsse. ²In Angelegenheiten, die nur eine Gruppe betreffen, vertritt die oder der Vorsitzende, wenn sie oder er nicht selbst dieser Gruppe angehört, den Personalrat gemeinsam mit einem der Gruppe angehörenden Vorstandsmitglied.

§ 36 Anberaumung von Sitzungen

(1) ¹Spätestens fünf Arbeitstage nach dem Wahltag hat der Wahlvorstand die Mitglieder des Personalrats zu den Wahlen des Vorstands und des Vorsitzes einzuberufen. ²Die oder der Vorsitzende des Wahlvorstands leitet die Sitzung, bis der Personalrat aus seiner Mitte eine Wahlleiterin oder einen Wahlleiter bestellt hat.

(2) ¹Die weiteren Sitzungen beruft die oder der Vorsitzende des Personalrats ein. ²Sie oder er setzt die Tagesordnung fest und leitet die Verhandlung. ³Die oder der Vorsitzende hat die Mitglieder des Personalrats zu den Sitzungen rechtzeitig unter Mitteilung der Tagesordnung zu laden. ⁴Ist ein Mitglied des Personalrats an der Sitzungsteilnahme verhindert, hat es dies unter Angabe der Gründe unverzüglich der oder dem Vorsitzenden mitzuteilen. ⁵Die oder der Vorsitzende hat für ein verhindertes Mitglied des Personalrats das nach § 33 Absatz 1 Satz 2 eintretende Ersatzmitglied zu laden.

(3) Die oder der Vorsitzende hat eine Sitzung einzuberufen und den Gegenstand, dessen Beratung beantragt ist, auf die Tagesordnung zu setzen, wenn dies beantragt wird von
1. einem Viertel der Mitglieder des Personalrats,
2. der Mehrheit der Vertreterinnen und Vertreter einer Gruppe,

3. der Leiterin oder dem Leiter der Dienststelle,
4. der Vertrauensperson der schwerbehinderten Menschen in Angelegenheiten, die besonders schwerbehinderte Beschäftigte betreffen, oder
5. der Mehrheit der Mitglieder der Jugend- und Auszubildendenvertretung in Angelegenheiten, die besonders Beschäftigte betreffen, die das 18. Lebensjahr noch nicht vollendet haben oder sich in einer beruflichen Ausbildung befinden.

§ 37 Teilnahme- und Stimmrecht sonstiger Personen

(1) ¹Eine Vertreterin oder ein Vertreter der Jugend- und Auszubildendenvertretung, die oder der von dieser benannt wird, und die Schwerbehindertenvertretung haben das Recht an den Sitzungen des Personalrats beratend teilzunehmen. ²An der Behandlung von Angelegenheiten, die besonders Beschäftigte betreffen, die das 18. Lebensjahr noch nicht vollendet haben oder sich in einer beruflichen Ausbildung befinden, hat die gesamte Jugend- und Auszubildendenvertretung das Recht zur beratenden Teilnahme. ³Bei Beschlüssen des Personalrats, die überwiegend Beschäftigte betreffen, die das 18. Lebensjahr noch nicht vollendet haben oder sich in einer beruflichen Ausbildung befinden, haben die Jugend- und Auszubildendenvertreterinnen und -vertreter Stimmrecht. ⁴Soweit sie ein Recht auf Teilnahme an der Sitzung haben, gilt § 36 Absatz 2 Satz 3 entsprechend für die Ladung der Schwerbehindertenvertretung und der Mitglieder der Jugend- und Auszubildendenvertretung.

(2) Auf Antrag eines Viertels der Mitglieder oder der Mehrheit einer Gruppe des Personalrats kann eine Beauftragte oder ein Beauftragter einer im Personalrat vertretenen Gewerkschaft an den Sitzungen beratend teilnehmen; in diesem Fall sind der Gewerkschaft der Zeitpunkt der Sitzung und die Tagesordnung rechtzeitig mitzuteilen.

(3) Die Leiterin oder der Leiter der Dienststelle nimmt an den Sitzungen teil, die auf ihr oder sein Verlangen anberaumt worden sind oder zu denen sie oder er ausdrücklich eingeladen worden ist.

§ 38 Zeitpunkt der Sitzungen und Nichtöffentlichkeit

(1) ¹Die Sitzungen des Personalrates finden in der Regel während der Arbeitszeit statt. ²Der Personalrat hat bei der Anberaumung seiner Sitzun-

gen auf die dienstlichen Erfordernisse und auf die Arbeitszeiten seiner Mitglieder Rücksicht zu nehmen. ³Die Leiterin oder der Leiter der Dienststelle ist vom Zeitpunkt der Sitzung vorher zu verständigen.

(2) ¹Die Sitzungen sind nicht öffentlich. ²Der Personalrat kann ihm nach § 47 zur Verfügung gestelltes Büropersonal zur Anfertigung der Niederschrift hinzuziehen.

(3) ¹Die Sitzungen des Personalrats finden in der Regel als Präsenzsitzung in Anwesenheit seiner Mitglieder vor Ort statt. ²Die Sitzung kann vollständig oder unter Zuschaltung einzelner Personalratsmitglieder mittels Video- oder Telefonkonferenz durchgeführt werden, wenn
1. vorhandene Einrichtungen genutzt werden, die durch die Dienststelle zur dienstlichen Nutzung freigegeben sind,
2. nicht mindestens ein Viertel der Mitglieder oder die Mehrheit der Vertreterinnen und Vertreter einer Gruppe des Personalrats binnen einer von der oder dem Vorsitzenden zu bestimmenden Frist gegenüber der oder dem Vorsitzenden widerspricht und
3. der Personalrat geeignete organisatorische Maßnahmen trifft, um sicherzustellen, dass Dritte vom Inhalt der Sitzung keine Kenntnis nehmen können.

³Eine Aufzeichnung ist unzulässig. ⁴Personalratsmitglieder, die mittels Video- oder Telefonkonferenz an Sitzungen teilnehmen, gelten als anwesend im Sinne des § 39 Absatz 1 Satz 1. ⁵§ 43 Absatz 1 Satz 3 findet mit der Maßgabe Anwendung, dass die oder der Vorsitzende vor Beginn der Beratung die zugeschalteten Personalratsmitglieder feststellt und in die Anwesenheitsliste einträgt. ⁶Das Recht eines Personalratsmitglieds auf Teilnahme an der Sitzung vor Ort bleibt durch die Durchführung der Sitzung mittels Video- oder Telefonkonferenz unberührt.

§ 39 Beschlussfassung

(1) ¹Die Beschlüsse des Personalrats werden, soweit in diesem Gesetz nichts anderes bestimmt ist, mit einfacher Stimmenmehrheit der anwesenden Mitglieder gefasst. ²Stimmenthaltung gilt als Ablehnung. ³Bei Stimmengleichheit ist ein Antrag abgelehnt.

(2) Der Personalrat ist nur beschlussfähig, wenn mindestens die Hälfte seiner Mitglieder anwesend ist; Vertretung durch Ersatzmitglieder ist zulässig.

(3) Bei der Feststellung der Stimmenmehrheit werden die Stimmen anderer anwesender Personen, die über ein Stimmrecht verfügen, mitgezählt.

(4) ¹In der Geschäftsordnung kann die Beschlussfassung im elektronischen Verfahren vorgesehen werden. ²§ 38 Absatz 3 Satz 2 Nummer 1 und 3 gilt entsprechend. ³Die Beschlussfassung im elektronischen Verfahren ist unzulässig, wenn ein Mitglied des Personalrats oder eine nach § 37 teilnahmeberechtigte Person binnen einer von der oder dem Vorsitzenden zu bestimmenden Frist gegenüber der oder dem Vorsitzenden widerspricht. ⁴Die oder der Vorsitzende gibt das Ergebnis der Beschlussfassung im elektronischen Verfahren spätestens in der nächsten Sitzung des Personalrats bekannt.

§ 40 Beschlussfassung in gemeinsamen Angelegenheiten und in Gruppenangelegenheiten

(1) Über die gemeinsamen Angelegenheiten der Beamtinnen und Beamten sowie der Arbeitnehmerinnen und Arbeitnehmer wird vom Personalrat gemeinsam beraten und beschlossen.

(2) ¹In Angelegenheiten, die lediglich die Angehörigen einer Gruppe betreffen, sind nach gemeinsamer Beratung im Personalrat nur die Vertreterinnen und Vertreter dieser Gruppe zur Beschlussfassung berufen. ²Dies gilt nicht für eine Gruppe, die im Personalrat nicht vertreten ist.

(3) Absatz 2 gilt entsprechend für Angelegenheiten, die lediglich die Angehörigen zweier Gruppen betreffen.

§ 41 Ausschluss von Beratung und Beschlussfassung

(1) ¹Ein Mitglied des Personalrats ist ausgeschlossen von der Beratung und Beschlussfassung
1. über beteiligungspflichtige Angelegenheiten, die seine persönlichen Interessen oder die seiner Angehörigen unmittelbar und individuell berühren, oder
2. über einen Antrag auf seinen Ausschluss aus dem Personalrat.

²Angehörige im Sinne des Satzes 1 Nummer 1 sind die in § 20 Absatz 5 des Verwaltungsverfahrensgesetzes aufgeführten Personen. ³Hat ein Mitglied des Personalrats Grund zu der Annahme, dass in seiner Person ein Ausschließungsgrund vorliegt, so hat es dies der oder dem Vorsitzenden unverzüglich, spätestens jedoch vor Beginn der Beratung über

die Angelegenheit anzuzeigen. ⁴Über das Vorliegen eines Ausschließungsgrundes entscheidet der Personalrat in Zweifelsfällen in Abwesenheit der oder des Betroffenen. ⁵Das betroffene Personalratsmitglied ist vorher anzuhören. ⁶Das ausgeschlossene Mitglied hat für die Dauer der Beratung und Beschlussfassung über die Angelegenheit nach Satz 1 den Sitzungsraum zu verlassen.

(2) Absatz 1 gilt entsprechend für weitere Personen, die zur Teilnahme an den Sitzungen des Personalrats berechtigt sind.

(3) Werden die den Ausschließungsgrund begründenden Umstände erst während der Sitzung bekannt, tritt ein Ersatzmitglied nach § 33 Absatz 1 Satz 2 nur ein, wenn es auf die Ladung durch die Vorsitzende oder den Vorsitzenden des Personalrats hin unverzüglich an der Sitzung teilnehmen kann.

(4) ¹Ein Beschluss ist nichtig, wenn an der Beratung oder Beschlussfassung ein ausgeschlossenes Mitglied mitgewirkt hat, es sei denn, dass durch die Mitwirkung die Beschlussfassung nicht geändert oder beeinflusst werden konnte. ²Die Nichtigkeit des Beschlusses berührt die Wirksamkeit einer Maßnahme, die die Dienststelle im Vertrauen auf den Beschluss des Personalrats durchgeführt hat, nicht.

§ 42 Aussetzung von Beschlüssen

(1) ¹Erachtet die Mehrheit der Vertreterinnen und Vertreter einer Gruppe oder der Jugend- und Auszubildendenvertretung einen Beschluss des Personalrats als eine erhebliche Beeinträchtigung wichtiger Interessen der durch sie vertretenen Beschäftigten, so ist auf ihren Antrag der Beschluss auf die Dauer von fünf Arbeitstagen vom Zeitpunkt der Beschlussfassung an auszusetzen. ²In dieser Frist soll, gegebenenfalls mit Hilfe der unter den Mitgliedern des Personalrats oder der Jugend- und Auszubildendenvertretung vertretenen Gewerkschaften, eine Verständigung versucht werden. ³Die Aussetzung eines Beschlusses nach Satz 1 hat keine Verlängerung einer Frist zur Folge.

(2) ¹Nach Ablauf der Frist von fünf Arbeitstagen ist über die Angelegenheit neu zu beschließen. ²Wird der erste Beschluss bestätigt, so kann der Antrag auf Aussetzung nicht wiederholt werden.

(3) Die Absätze 1 und 2 gelten entsprechend, wenn die Schwerbehindertenvertretung einen Beschluss des Personalrats als eine erhebliche

Beeinträchtigung wichtiger Interessen der schwerbehinderten oder ihnen gleichgestellten Beschäftigten erachtet.

§ 43 Protokoll

(1) [1]Über jede Verhandlung des Personalrats ist ein Protokoll zu führen, das mindestens den Wortlaut der Beschlüsse und die Stimmenmehrheit, mit der sie gefasst sind, enthält. [2]Das Protokoll ist von der oder dem Vorsitzenden und einem weiteren Mitglied zu unterzeichnen. [3]Dem Protokoll ist eine Anwesenheitsliste beizufügen, in die sich jede Teilnehmerin und jeder Teilnehmer eigenhändig einzutragen hat.

(2) [1]Haben die Leiterin oder der Leiter der Dienststelle oder Beauftragte von Gewerkschaften an der Sitzung teilgenommen, so ist ihnen der entsprechende Auszug aus dem Protokoll zuzuleiten. [2]Einwendungen gegen das Protokoll sind unverzüglich schriftlich oder elektronisch zu erheben und dem Protokoll beizufügen.

§ 44 Geschäftsordnung

Sonstige Bestimmungen über die Geschäftsführung können in einer Geschäftsordnung getroffen werden, die der Personalrat mit der Mehrheit der Stimmen seiner Mitglieder beschließt.

§ 45 Sprechstunden

(1) [1]Der Personalrat kann Sprechstunden während der Arbeitszeit einrichten. [2]Zeit und Ort bestimmt er im Einvernehmen mit der Leiterin oder dem Leiter der Dienststelle.

(2) Führt die Jugend- und Auszubildendenvertretung keine eigenen Sprechstunden durch, so kann an den Sprechstunden des Personalrats ein Mitglied der Jugend- und Auszubildendenvertretung zur Beratung derjenigen Beschäftigten, die das 18. Lebensjahr noch nicht vollendet haben oder sich in einer beruflichen Ausbildung befinden, teilnehmen.

(3) [1]In der Geschäftsordnung kann die Durchführung der Sprechstunde mittels Video- oder Telefonkonferenz vorgesehen werden. [2]§ 38 Absatz 3 Satz 2 Nummer 1 und 3 sowie Satz 3 gilt entsprechend.

§ 46 Kosten der Personalratstätigkeit

(1) Die durch die Tätigkeit des Personalrats und seiner Mitglieder entstehenden Kosten trägt der Bund.

(2) ¹Mitglieder des Personalrats erhalten bei Reisen, die zur Erfüllung ihrer Aufgaben notwendig sind, Aufwendungsersatz in entsprechender Anwendung der beamtenrechtlichen Bestimmungen zu Reisekosten und Trennungsgeld. ²Für den Ersatz von Sachschäden an privaten Kraftfahrzeugen gelten die beamtenrechtlichen Bestimmungen entsprechend.

§ 47 Sachaufwand und Büropersonal
Für die Sitzungen, die Sprechstunden und die laufende Geschäftsführung hat die Dienststelle dem Personalrat Räume, Geschäftsbedarf, in der Dienststelle üblicherweise genutzte Informations- und Kommunikationstechnik sowie Büropersonal in dem zur sachgerechten Wahrnehmung seiner Aufgaben erforderlichen Umfang zur Verfügung zu stellen.

§ 48 Bekanntmachungen und Aushänge
¹Dem Personalrat werden in den Dienststellen geeignete Plätze für Bekanntmachungen und Aushänge zur Verfügung gestellt. ²Er kann Mitteilungen an die Beschäftigten über Angelegenheiten, die sie betreffen, herausgeben. ³Für Informationen nach den Sätzen 1 und 2 kann der Personalrat die in der Dienststelle üblicherweise genutzten Informations- und Kommunikationssysteme nutzen.

§ 49 Verbot der Beitragserhebung
Der Personalrat darf für seine Zwecke von den Beschäftigten keine Beiträge erheben oder annehmen.

Abschnitt 4
Rechtsstellung der Personalratsmitglieder

§ 50 Ehrenamtlichkeit
Die Mitglieder des Personalrats führen ihr Amt unentgeltlich als Ehrenamt.

§ 51 Versäumnis von Arbeitszeit
¹Die zur ordnungsgemäßen Durchführung der Aufgaben des Personalrats erforderliche Versäumnis von Arbeitszeit hat keine Minderung der Dienstbezüge oder des Arbeitsentgelts zur Folge. ²Werden Personalratsmitglieder durch die Erfüllung ihrer Aufgaben über ihre regelmäßige Arbeitszeit hinaus beansprucht, so ist ihnen Dienstbefreiung in entsprechendem Umfang zu gewähren.

§ 52 Freistellung
(1) ¹Mitglieder des Personalrats sind von ihrer dienstlichen Tätigkeit freizustellen, wenn und soweit es nach Umfang und Art der Dienststelle zur ordnungsgemäßen Durchführung ihrer Aufgaben erforderlich ist. ²Die Freistellung darf nicht zur Beeinträchtigung des beruflichen Werdegangs führen.

(2) ¹Von ihrer dienstlichen Tätigkeit sind nach Absatz 1 freizustellen in Dienststellen mit in der Regel

1.	300 bis 600 Beschäftigten	ein Mitglied,
2.	601 bis 1000 Beschäftigten	zwei Mitglieder,
3.	1001 bis 2000 Beschäftigten	drei Mitglieder,
4.	2001 bis 3000 Beschäftigten	vier Mitglieder,
5.	3001 bis 4000 Beschäftigten	fünf Mitglieder,
6.	4001 bis 5000 Beschäftigten	sechs Mitglieder,
7.	5001 bis 6000 Beschäftigten	sieben Mitglieder,
8.	6001 bis 7000 Beschäftigten	acht Mitglieder,
9.	7001 bis 8000 Beschäftigten	neun Mitglieder,
10.	8001 bis 9000 Beschäftigten	zehn Mitglieder,
11.	9001 bis 10000 Beschäftigten	elf Mitglieder.

²In Dienststellen mit mehr als 10 000 Beschäftigten ist für je angefangene weitere 2000 Beschäftigte ein weiteres Mitglied freizustellen. ³Von den Sätzen 1 und 2 kann im Einvernehmen zwischen Personalrat und der Leiterin oder dem Leiter der Dienststelle abgewichen werden.

(3) ¹Freistellungen können in Form von Teilfreistellungen erfolgen. ²Diese dürfen zusammengenommen nicht den Umfang der Freistellungen nach Absatz 2 überschreiten. ³Freistellungen müssen mindestens 20 Prozent der regelmäßigen wöchentlichen Arbeitszeit betragen.

(4) ¹Die von ihrer dienstlichen Tätigkeit vollständig freigestellten Personalratsmitglieder erhalten eine monatliche Aufwandsentschädigung. ²Die Bundesregierung bestimmt durch Rechtsverordnung, die nicht der Zustimmung des Bundesrats bedarf, die Höhe der Aufwandsentschädigung. ³Nur teilweise, aber mindestens für die Hälfte der regelmäßigen Arbeitszeit freigestellte Personalratsmitglieder erhalten die Hälfte der Aufwandsentschädigung.

§ 53 Auswahl der freizustellenden Mitglieder

(1) ¹Bei der Auswahl der freizustellenden Mitglieder hat der Personalrat zunächst die nach § 34 Absatz 1 gewählten Vorstandsmitglieder, sodann die nach § 34 Absatz 2 gewählten Ergänzungsmitglieder und schließlich weitere Mitglieder zu berücksichtigen. ²Die freizustellenden Vorstands- und Ergänzungsmitglieder haben Anspruch auf vollständige Freistellung.

(2) ¹Ist der Personalrat nach den Grundsätzen der Verhältniswahl gewählt worden, sind für die weiteren Freistellungen die auf die einzelnen Wahlvorschlagslisten entfallenden Stimmen im Wege des Höchstzahlverfahrens zu berücksichtigen; dabei sind die nach Absatz 1 freigestellten Vorstands- und Ergänzungsmitglieder von den auf jede Wahlvorschlagsliste entfallenden Freistellungen abzuziehen. ²Die aus der jeweiligen Vorschlagsliste in den Personalrat gewählten Mitglieder bestimmen mehrheitlich, wer von ihnen die Freistellung wahrnimmt.

(3) Ist der Personalrat im Wege der Personenwahl gewählt worden, bestimmt sich die Rangfolge der weiteren freizustellenden Mitglieder nach der Zahl der für sie bei der Wahl zum Personalrat abgegebenen Stimmen.

(4) Sind die Mitglieder der im Personalrat vertretenen Gruppen teils nach den Grundsätzen der Verhältniswahl, teils im Wege der Personenwahl gewählt worden, so sind bei weiteren Freistellungen die Gruppen entsprechend der Zahl ihrer Mitglieder nach dem Höchstzahlverfahren zu berücksichtigen; innerhalb der nach identischen Wahlverfahren zusammengefassten Gruppen bestimmen sich die weiteren Freistellungen in diesem Fall je nach Wahlverfahren in entsprechender Anwendung des Absatzes 2 und nach Absatz 3.

§ 54 Teilnahme an Schulungs- und Bildungsveranstaltungen

(1) Die Mitglieder des Personalrats sind unter Fortzahlung der Dienstbezüge oder des Arbeitsentgelts für die Teilnahme an Schulungs- und Bildungsveranstaltungen vom Dienst freizustellen, soweit diese Kenntnisse vermitteln, die für die Tätigkeit im Personalrat erforderlich sind.

(2) ¹Unbeschadet des Absatzes 1 hat jedes Mitglied des Personalrats während seiner regelmäßigen Amtszeit Anspruch auf Freistellung vom Dienst unter Fortzahlung der Dienstbezüge oder des Arbeitsentgelts für insgesamt drei Wochen zur Teilnahme an Schulungs- und Bildungs-

veranstaltungen, die von der Bundeszentrale für politische Bildung als geeignet anerkannt sind. ²Beschäftigte, die erstmals das Amt eines Personalratsmitglieds übernehmen und nicht zuvor Jugend- und Auszubildendenvertreterinnen oder -vertreter gewesen sind, haben einen Anspruch nach Satz 1 für insgesamt vier Wochen.

§ 55 Schutz vor Kündigung, Versetzung, Abordnung und Zuweisung

(1) ¹Die außerordentliche Kündigung von Mitgliedern des Personalrats, die in einem Arbeitsverhältnis stehen, bedarf der Zustimmung des Personalrats. ²Verweigert der Personalrat seine Zustimmung oder äußert er sich nicht innerhalb von drei Arbeitstagen nach Eingang des Antrags, so kann das Verwaltungsgericht sie auf Antrag der Leiterin oder des Leiters der Dienststelle ersetzen, wenn die außerordentliche Kündigung unter Berücksichtigung aller Umstände gerechtfertigt ist. ³In dem Verfahren vor dem Verwaltungsgericht ist die betroffene Person Beteiligte.

(2) ¹Mitglieder des Personalrats dürfen gegen ihren Willen nur versetzt, zugewiesen oder abgeordnet werden, wenn dies auch unter Berücksichtigung der Mitgliedschaft im Personalrat aus wichtigen dienstlichen Gründen unvermeidbar ist. ²Als Versetzung gilt auch die mit einem Wechsel des Dienstortes verbundene Umsetzung in derselben Dienststelle; das Einzugsgebiet im Sinne des Umzugskostenrechts gehört zum Dienstort. ³Die Versetzung, Zuweisung oder Abordnung von Mitgliedern des Personalrats bedarf der Zustimmung des Personalrats.

(3) ¹Für Beamtinnen und Beamte im Vorbereitungsdienst sowie Arbeitnehmerinnen und Arbeitnehmer in entsprechender Berufsausbildung gelten die Absätze 1 und 2 sowie die §§ 15 und 16 des Kündigungsschutzgesetzes nicht. ²Die Absätze 1 und 2 gelten ferner nicht bei der Versetzung oder Abordnung dieser Beschäftigten zu einer anderen Dienststelle im Anschluss an das Ausbildungsverhältnis. ³Die Mitgliedschaft der in Satz 1 bezeichneten Beschäftigten im Personalrat ruht unbeschadet des § 31, solange sie entsprechend den Erfordernissen ihrer Ausbildung zu einer anderen Dienststelle versetzt oder abgeordnet sind.

§ 56 Besonderer Schutz der Auszubildenden

(1) Beabsichtigt der Arbeitgeber, eine Beschäftigte oder einen Beschäftigten, die oder der in einem Berufsausbildungsverhältnis nach dem Berufsbildungsgesetz, dem Krankenpflegegesetz, dem Pflegeberufege-

setz oder dem Hebammengesetz steht und die oder der Mitglied des Personalrats ist, nach erfolgreicher Beendigung des Berufsausbildungsverhältnisses nicht in ein Arbeitsverhältnis auf unbestimmte Zeit zu übernehmen, so hat er dies drei Monate vor Beendigung des Berufsausbildungsverhältnisses der betroffenen Person schriftlich mitzuteilen.

(2) Verlangt eine Auszubildende oder ein Auszubildender im Sinne des Absatzes 1, die oder der Mitglied des Personalrats ist, innerhalb der letzten drei Monate vor Beendigung des Berufsausbildungsverhältnisses schriftlich die Weiterbeschäftigung, so gilt im Anschluss an das erfolgreiche Berufsausbildungsverhältnis ein Arbeitsverhältnis auf unbestimmte Zeit als begründet.

(3) Die Absätze 1 und 2 gelten auch, wenn das Berufsausbildungsverhältnis vor Ablauf eines Jahres nach Beendigung der Amtszeit des Personalrats erfolgreich endet.

(4) ¹Wenn Tatsachen vorliegen, auf Grund derer dem Arbeitgeber unter Berücksichtigung aller Umstände die Weiterbeschäftigung nicht zugemutet werden kann, so kann er spätestens bis zum Ablauf von zwei Wochen nach Beendigung des Berufsausbildungsverhältnisses beim Verwaltungsgericht beantragen,
1. festzustellen, dass ein Arbeitsverhältnis nach Absatz 2 oder 3 nicht begründet wird, oder
2. das bereits nach Absatz 2 oder 3 begründete Arbeitsverhältnis aufzulösen.
²In dem Verfahren vor dem Verwaltungsgericht ist der Personalrat Beteiligter.

(5) Die Absätze 2 bis 4 sind unabhängig davon anzuwenden, ob der Arbeitgeber seiner Mitteilungspflicht nach Absatz 1 nachgekommen ist.

Kapitel 3
Personalversammlung

§ 57 Zusammensetzung, Leitung, Teilversammlung
(1) ¹Die Personalversammlung besteht aus den Beschäftigten der Dienststelle. ²Sie wird von der oder dem Vorsitzenden des Personalrats geleitet.

(2) Kann nach den dienstlichen Verhältnissen eine gemeinsame Versammlung der Beschäftigten nicht stattfinden, so sind Teilversammlungen abzuhalten.

§ 58 Nichtöffentlichkeit, Teilnahmerechte

(1) ¹Die Personalversammlung ist nicht öffentlich. ²Der Personalrat kann die Personalversammlung im Einvernehmen mit der Leiterin oder dem Leiter der Dienststelle mittels Videokonferenz in Nebenstellen oder Teile der Dienststelle übertragen. ³§ 38 Absatz 3 Satz 2 Nummer 1 und 3 sowie Satz 3 gilt entsprechend. ⁴Die Möglichkeit zur Durchführung von Teilversammlungen bleibt unberührt.

(2) ¹Beauftragte der in der Dienststelle vertretenen Gewerkschaften und eine Beauftragte oder ein Beauftragter der Arbeitgebervereinigung, der die Dienststelle angehört, sind berechtigt, mit beratender Stimme an der Personalversammlung teilzunehmen. ²Der Personalrat hat die Einberufung der Personalversammlung den Gewerkschaften und der Arbeitgebervereinigung mitzuteilen. ³Ein beauftragtes Mitglied der Stufenvertretung und des Gesamtpersonalrats sowie eine Beauftragte oder ein Beauftragter der Dienststelle, bei der die Stufenvertretung besteht, können an der Personalversammlung ohne beratende Stimme teilnehmen. ⁴Teilnahmerechte auf Grund anderer Rechtvorschriften bleiben unberührt.

§ 59 Ordentliche und außerordentliche Personalversammlung

(1) Der Personalrat hat einmal in jedem Kalenderhalbjahr in einer Personalversammlung einen Tätigkeitsbericht zu erstatten (ordentliche Personalversammlung).

(2) ¹Der Personalrat ist berechtigt und auf Wunsch der Leiterin oder des Leiters der Dienststelle oder eines Viertels der wahlberechtigten Beschäftigten verpflichtet, eine außerordentliche Personalversammlung einzuberufen und den Gegenstand, dessen Beratung beantragt ist, auf die Tagesordnung zu setzen. ²An Versammlungen, die auf Wunsch der Leiterin oder des Leiters der Dienststelle einberufen sind oder zu denen sie oder er ausdrücklich eingeladen ist, hat er oder sie teilzunehmen; im Übrigen kann sie oder er an der Personalversammlung teilnehmen.

(3) Auf Antrag einer in der Dienststelle vertretenen Gewerkschaft muss der Personalrat vor Ablauf von 15 Arbeitstagen nach Eingang des An-

trags eine ordentliche Personalversammlung einberufen und durchführen, wenn im vorhergegangenen Kalenderhalbjahr keine Personalversammlung und keine Teilversammlung durchgeführt worden sind, in denen ein Tätigkeitsbericht erstattet worden ist.

§ 60 Zeitpunkt, Dienstbefreiung, Bezüge, Fahrtkosten

(1) ¹Die ordentlichen und die auf Wunsch der Leiterin oder des Leiters der Dienststelle einberufenen außerordentlichen Personalversammlungen finden während der Arbeitszeit statt, soweit nicht die dienstlichen Verhältnisse eine andere Regelung erfordern. ²Andere außerordentliche Personalversammlungen finden außerhalb der Arbeitszeit statt; hiervon kann im Einvernehmen mit der Leiterin oder dem Leiter der Dienststelle abgewichen werden.

(2) Soweit in den Fällen des Absatzes 1 Satz 1 Personalversammlungen aus dienstlichen Gründen außerhalb der Arbeitszeit stattfinden müssen, ist den Teilnehmerinnen und Teilnehmern Dienstbefreiung in entsprechendem Umfang zu gewähren.

(3) ¹Die Teilnahme an Personalversammlungen nach Absatz 1 Satz 1 hat keine Minderung der Dienstbezüge oder des Arbeitsentgelts zur Folge. ²Dasselbe gilt für außerordentliche Personalversammlungen nach Absatz 1 Satz 2, die im Einvernehmen mit der Leiterin oder dem Leiter der Dienststelle während der Arbeitszeit durchgeführt werden.

(4) Fahrtkosten, die durch die Teilnahme an Personalversammlungen nach Absatz 1 Satz 1 entstehen, werden in entsprechender Anwendung des Bundesreisekostengesetzes erstattet.

§ 61 Befugnisse

(1) Die Personalversammlung darf Angelegenheiten behandeln, die die Dienststelle oder ihre Beschäftigten unmittelbar betreffen, insbesondere Tarif-, Besoldungs- und Sozialangelegenheiten sowie Fragen der tatsächlichen Gleichstellung von Frauen und Männern, der Vermeidung von Benachteiligungen von Menschen, die sich keinem dieser Geschlechter zuordnen, der Teilhabe von Menschen mit Behinderungen und der Vereinbarkeit von Familie, Pflege und Beruf.

(2) Die Personalversammlung kann dem Personalrat Anträge unterbreiten und zu seinen Beschlüssen Stellung nehmen.

(3) § 2 Absatz 2 und 5 gilt für die Personalversammlung entsprechend.

Kapitel 4
Beteiligung des Personalrats

Abschnitt 1
Allgemeines

§ 62 Allgemeine Aufgaben

Der Personalrat hat folgende allgemeine Aufgaben:
1. Maßnahmen, die der Dienststelle und ihren Angehörigen dienen, zu beantragen,
2. darüber zu wachen, dass die zugunsten der Beschäftigten geltenden Gesetze, Verordnungen, Tarifverträge, Dienstvereinbarungen und Verwaltungsanordnungen durchgeführt werden,
3. Anregungen und Beschwerden von Beschäftigten und der Jugend- und Auszubildendenvertretung entgegenzunehmen und, falls sie berechtigt erscheinen, durch Verhandlung mit der Leiterin oder dem Leiter der Dienststelle auf ihre Erledigung hinzuwirken; der Personalrat hat die betreffenden Beschäftigten über den Stand und das Ergebnis der Verhandlungen zu unterrichten,
4. der Benachteiligung von Menschen mit Behinderungen entgegenzuwirken sowie die Inklusion und Teilhabe behinderter Menschen zu fördern, insbesondere die Eingliederung und berufliche Entwicklung schwerbehinderter und ihnen gleichgestellter Beschäftigter und sonstiger besonders schutzbedürftiger, insbesondere älterer Beschäftigter zu fördern sowie Maßnahmen zur beruflichen Förderung schwerbehinderter und ihnen gleichgestellter Beschäftigter zu beantragen,
5. die Durchsetzung der tatsächlichen Gleichstellung von Frauen und Männern zu fördern sowie Benachteiligungen von Menschen, die sich keinem dieser Geschlechter zuordnen, entgegenzuwirken, insbesondere bei der Einstellung, Beschäftigung, Aus-, Fort- und Weiterbildung und dem beruflichen Aufstieg,
6. die Vereinbarkeit von Familie, Pflege und Beruf zu fördern,
7. die Integration ausländischer Beschäftigter in die Dienststelle und das Verständnis zwischen ihnen und den deutschen Beschäftigten zu fördern sowie Maßnahmen zur Bekämpfung gruppenbezogener Menschenfeindlichkeit in der Dienststelle zu beantragen,
8. mit der Jugend- und Auszubildendenvertretung zur Förderung der Belange der Beschäftigten, die das 18. Lebensjahr noch nicht vollen-

det haben oder sich in einer beruflichen Ausbildung befinden, eng zusammenzuarbeiten sowie
9. Maßnahmen des Arbeitsschutzes und des Gesundheitsschutzes in der Dienststelle zu fördern.

§ 63 Dienstvereinbarungen
(1) ¹Dienstvereinbarungen sind in Angelegenheiten des § 78 Absatz 1 Nummer 12 bis 15, des § 79 Absatz 1 Nummer 4 und 5 sowie des § 80 Absatz 1 zulässig, soweit eine gesetzliche oder tarifliche Regelung nicht besteht und es sich nicht um Einzelangelegenheiten handelt. ²Arbeitsentgelte und sonstige Arbeitsbedingungen, die durch Tarifvertrag geregelt sind oder üblicherweise geregelt werden, können nicht Gegenstand einer Dienstvereinbarung sein. ³Dies gilt nicht, wenn ein Tarifvertrag den Abschluss ergänzender Dienstvereinbarungen ausdrücklich zulässt.

(2) Dienstvereinbarungen werden durch die Dienststelle und den Personalrat gemeinsam vereinbart, sind in schriftlicher oder elektronischer Form abzuschließen und in geeigneter Weise bekanntzumachen.

(3) Dienstvereinbarungen, die für einen größeren Bereich gelten, gehen den Dienstvereinbarungen für einen kleineren Bereich vor.

§ 64 Durchführung der Entscheidungen
(1) Entscheidungen, an denen der Personalrat beteiligt war, führt die Dienststelle durch, es sei denn, dass im Einzelfall etwas anderes vereinbart ist.

(2) Der Personalrat darf nicht durch einseitige Handlungen in den Dienstbetrieb eingreifen.

Abschnitt 2
Unterrichtungs- und Teilnahmerechte, Datenschutz

§ 65 Monatsgespräch
¹Die Leiterin oder der Leiter der Dienststelle und der Personalrat sollen mindestens einmal im Monat zu einer Besprechung zusammentreten. ²In den Besprechungen soll auch die Gestaltung des Dienstbetriebs behandelt werden, insbesondere alle Vorgänge, die die Beschäftigten wesentlich berühren. ³Die Leiterin oder der Leiter der Dienststelle und der Personalrat haben über strittige Fragen mit dem ernsten Willen zur

Einigung zu verhandeln und Vorschläge für die Beilegung von Meinungsverschiedenheiten zu machen.

§ 66 Informationspflicht der Dienststelle

(1) ¹Der Personalrat ist zur Durchführung seiner Aufgaben rechtzeitig und umfassend zu unterrichten. ²Ihm sind die hierfür erforderlichen Unterlagen, einschließlich der für die Durchführung seiner Aufgaben erforderlichen personenbezogenen Daten, vorzulegen.

(2) ¹Personalakten dürfen nur mit Zustimmung der oder des Beschäftigten und nur von den von ihr oder ihm bestimmten Mitgliedern des Personalrats eingesehen werden. ²Dienstliche Beurteilungen sind auf Verlangen der oder des Beschäftigten dem Personalrat zur Kenntnis zu bringen.

§ 67 Beratende Teilnahme an Prüfungen

An Prüfungen, die eine Dienststelle für Beschäftigte ihres Bereichs abnimmt, kann ein Mitglied des für diesen Bereich zuständigen Personalrats, das von diesem benannt ist, beratend teilnehmen.

§ 68 Hinzuziehung in Fragen des Arbeitsschutzes und der Unfallverhütung

(1) Der Personalrat hat bei der Bekämpfung von Unfall- und Gesundheitsgefahren die für den Arbeitsschutz zuständigen Behörden, die Träger der gesetzlichen Unfallversicherung und die übrigen in Betracht kommenden Stellen durch Anregung, Beratung und Auskunft zu unterstützen und sich für die Durchführung der Vorschriften über den Arbeitsschutz und die Unfallverhütung in der Dienststelle einzusetzen.

(2) ¹Die Leiterin oder der Leiter der Dienststelle und die in Absatz 1 genannten Behörden, Träger und sonstigen Stellen sind verpflichtet, bei allen im Zusammenhang mit dem Arbeitsschutz oder der Unfallverhütung stehenden Besichtigungen und Fragen und bei Unfalluntersuchungen den Personalrat oder die von ihm beauftragten Personalratsmitglieder derjenigen Dienststelle hinzuzuziehen, in der die Besichtigung oder Untersuchung stattfindet. ²Die Leiterin oder der Leiter der Dienststelle hat dem Personalrat unverzüglich die den Arbeitsschutz und die Unfallverhütung betreffenden Auflagen und Anordnungen der in Absatz 1 genannten Stellen mitzuteilen.

(3) An den Besprechungen der Leiterin oder des Leiters der Dienststelle mit den Sicherheitsbeauftragten im Rahmen des § 22 Absatz 2 des Siebten Buches Sozialgesetzbuch nehmen vom Personalrat beauftragte Personalratsmitglieder teil.

(4) Der Personalrat erhält die Protokolle über Untersuchungen, Besichtigungen und Besprechungen, zu denen er oder die von ihm beauftragten Personalratsmitglieder nach den Absätzen 2 und 3 hinzuzuziehen ist oder sind.

(5) Die Leiterin oder der Leiter der Dienststelle hat dem Personalrat eine Kopie der Unfallanzeige nach § 193 des Siebten Buches Sozialgesetzbuch oder des nach beamtenrechtlichen Vorschriften zu erstattenden Berichts auszuhändigen.

§ 69 Datenschutz
¹Bei der Verarbeitung personenbezogener Daten hat der Personalrat die Vorschriften über den Datenschutz einzuhalten. ²Soweit der Personalrat zur Erfüllung der in seiner Zuständigkeit liegenden Aufgaben personenbezogene Daten verarbeitet, ist die Dienststelle der für die Verarbeitung Verantwortliche im Sinne der datenschutzrechtlichen Vorschriften. ³Die Dienststelle und der Personalrat unterstützen sich gegenseitig bei der Einhaltung der datenschutzrechtlichen Vorschriften.

Abschnitt 3
Mitbestimmung

Unterabschnitt 1
Verfahren der Mitbestimmung

§ 70 Verfahren zwischen Dienststelle und Personalrat
(1) Soweit eine Maßnahme der Mitbestimmung des Personalrats unterliegt, kann sie nur mit seiner Zustimmung getroffen werden.

(2) ¹Die Leiterin oder der Leiter der Dienststelle unterrichtet den Personalrat von der beabsichtigten Maßnahme und beantragt seine Zustimmung. ²Der Personalrat kann verlangen, dass die Leiterin oder der Leiter der Dienststelle die beabsichtigte Maßnahme begründet; die Begründung hat außer in Personalangelegenheiten schriftlich oder elektronisch zu erfolgen.

(3) ¹Der Beschluss des Personalrats über die beantragte Zustimmung ist der Leiterin oder dem Leiter der Dienststelle innerhalb von zehn Arbeitstagen mitzuteilen. ²In dringenden Fällen kann die Leiterin oder der Leiter der Dienststelle diese Frist auf drei Arbeitstage abkürzen. ³Der Personalrat und die Leiterin oder der Leiter der Dienststelle können im Einzelfall oder für die Dauer der Amtszeit des Personalrats schriftlich oder elektronisch von Satz 1 abweichende Fristen vereinbaren. ⁴Die Maßnahme gilt als gebilligt, wenn nicht der Personalrat fristgerecht die Zustimmung unter Angabe der Gründe schriftlich oder elektronisch verweigert. ⁵Soweit dabei Beschwerden oder Behauptungen tatsächlicher Art vorgetragen werden, die für einen Beschäftigten ungünstig sind oder ihm nachteilig werden können, hat die Dienststelle dem Beschäftigten Gelegenheit zur Äußerung zu geben; die Äußerung ist aktenkundig zu machen.

§ 71 Stufenverfahren

(1) ¹Kommt eine Einigung nicht zustande, so kann die Leiterin oder der Leiter der Dienststelle oder der Personalrat die Angelegenheit binnen fünf Arbeitstagen auf dem Dienstweg den übergeordneten Dienststellen, bei denen Stufenvertretungen bestehen, schriftlich oder elektronisch vorlegen. ²Der Personalrat und die Leiterin oder der Leiter der Dienststelle können im Einzelfall schriftlich oder elektronisch eine abweichende Frist vereinbaren. ³In Körperschaften, Anstalten oder Stiftungen des öffentlichen Rechtes ist als oberste Dienstbehörde das in ihrer Verfassung für die Geschäftsführung vorgesehene oberste Organ anzurufen. ⁴In Zweifelsfällen bestimmt die zuständige oberste Bundesbehörde die anzurufende Stelle. ⁵Legt die Leiterin oder der Leiter der Dienststelle die Angelegenheit der übergeordneten Dienststelle vor, teilt sie oder er dies dem Personalrat unter Angabe der Gründe mit.

(2) ¹Die übergeordnete Dienststelle soll die Angelegenheit, sofern sie dem Anliegen des Personalrats nicht oder nicht in vollem Umfang entspricht, innerhalb von sechs Wochen der bei ihr gebildeten Stufenvertretung vorlegen. ²Für das weitere Verfahren gilt § 70 Absatz 2 und 3 entsprechend.

§ 72 Anrufung der Einigungsstelle
Ergibt sich zwischen der obersten Dienstbehörde und der bei ihr bestehenden zuständigen Personalvertretung keine Einigung, kann jede Seite die Einigungsstelle anrufen.

§ 73 Bildung und Zusammensetzung der Einigungsstelle
(1) Die Einigungsstelle wird bei der obersten Dienstbehörde gebildet.

(2) ¹Die Einigungsstelle besteht aus je drei Beisitzerinnen oder Beisitzern, die von der obersten Dienstbehörde und der bei ihr bestehenden zuständigen Personalvertretung bestellt werden, sowie einer oder einem unparteiischen Vorsitzenden, auf die oder den sich beide Seiten einigen. ²Unter den Beisitzerinnen und Beisitzern, die von der Personalvertretung bestellt werden, muss sich je eine Beamtin oder ein Beamter und eine Arbeitnehmerin oder ein Arbeitnehmer befinden, es sei denn, die Angelegenheit betrifft nur die Beamtinnen und Beamten oder nur die Arbeitnehmerinnen und Arbeitnehmer. ³Kommt eine Einigung über die Person der oder des Vorsitzenden nicht zustande, so bestellt ihn die Präsidentin oder der Präsident des Bundesverwaltungsgerichts.

§ 74 Verfahren der Einigungsstelle
(1) Die Einigungsstelle soll binnen zwei Monaten nach der Erklärung eines Beteiligten, die Entscheidung der Einigungsstelle herbeiführen zu wollen, entscheiden.

(2) ¹Die Verhandlung ist nicht öffentlich. ²Der obersten Dienstbehörde und der zuständigen Personalvertretung ist Gelegenheit zur mündlichen Äußerung zu geben. ³Im Einvernehmen mit den Beteiligten kann die Äußerung schriftlich erfolgen.

(3) ¹Die Einigungsstelle entscheidet durch Beschluss. ²Sie kann den Anträgen der Beteiligten auch teilweise entsprechen. ³In den Fällen des § 78 Absatz 5 stellt sie fest, ob ein Grund zur Verweigerung der Zustimmung vorliegt.

(4) ¹Der Beschluss wird mit Stimmenmehrheit gefasst. ²Er muss sich im Rahmen der geltenden Rechtsvorschriften, insbesondere des Haushaltsgesetzes, halten. ³Der Beschluss ist den Beteiligten zuzustellen.

(5) ¹Für die Verhandlung und Beschlussfassung der Einigungsstelle gilt § 38 Absatz 3 Satz 1, 2 Nummer 1 und 3 sowie Satz 3 entsprechend. ²Die

Verhandlung und Beschlussfassung mittels Video- oder Telefonkonferenz ist unzulässig, wenn ein Mitglied der Einigungsstelle binnen einer von der oder dem Vorsitzenden zu bestimmenden Frist gegenüber der oder dem Vorsitzenden widerspricht. ³Mitglieder der Einigungsstelle, die mittels Video- oder Telefonkonferenz teilnehmen, gelten als anwesend.

§ 75 Bindung an die Beschlüsse der Einigungsstelle
(1) Der Beschluss der Einigungsstelle bindet die Beteiligten mit Ausnahme der in den Absätzen 2 und 3 geregelten Fälle.

(2) ¹Die oberste Dienstbehörde kann einen Beschluss der Einigungsstelle in Angelegenheiten, die im Einzelfall wegen ihrer Auswirkungen auf das Gemeinwesen wesentlicher Bestandteil der Regierungsgewalt sind, innerhalb von vier Wochen nach dessen Zustellung ganz oder teilweise aufheben und in der Angelegenheit endgültig entscheiden. ²Die Aufhebung und deren Gründe sind der Vorsitzenden oder dem Vorsitzenden der Einigungsstelle sowie den beteiligten Dienststellen und Personalvertretungen unverzüglich schriftlich oder elektronisch mitzuteilen.

(3) ¹In den Fällen des § 78 Absatz 1 und des § 80 Absatz 1 Nummer 10 bis 13 und 19 bis 21 beschließt die Einigungsstelle, wenn sie sich nicht der Auffassung der obersten Dienstbehörde anschließt, eine Empfehlung an diese. ²Die oberste Dienstbehörde entscheidet sodann endgültig.

§ 76 Vorläufige Maßnahmen
¹Die Leiterin oder der Leiter der Dienststelle kann bei Maßnahmen, die der Natur der Sache nach keinen Aufschub dulden, bis zur endgültigen Entscheidung vorläufige Regelungen treffen. ²Sie oder er hat dem Personalrat die vorläufige Regelung mitzuteilen und zu begründen und unverzüglich das Verfahren der Mitbestimmung einzuleiten oder fortzusetzen.

§ 77 Initiativrecht des Personalrats
(1) Beantragt der Personalrat eine Maßnahme, die nach den §§ 78 bis 80 seiner Mitbestimmung unterliegt, so hat er sie schriftlich oder elektronisch der Leiterin oder dem Leiter der Dienststelle vorzuschlagen und zu begründen.

(2) ¹Die Leiterin oder der Leiter der Dienststelle soll über den Antrag nach Absatz 1 innerhalb von sechs Wochen unter Angabe der Gründe

entscheiden oder, wenn die Einhaltung der Frist nicht möglich ist, einen Sachstandshinweis erteilen. ²Entspricht die Leiterin oder der Leiter der Dienststelle dem Antrag nicht oder nicht in vollem Umfang, so bestimmt sich das weitere Verfahren
1. in den Fällen des § 78 Absatz 1 Nummer 12, des § 79 Absatz 1 Nummer 4 und 5 sowie des § 80 Absatz 1 Nummer 1, 3, 4, 6 bis 9, 14, 16, 18 und 21 nach den §§ 71 bis 75,
2. in den übrigen Angelegenheiten nach § 71, mit der Maßgabe, dass die oberste Dienstbehörde endgültig entscheidet.

Unterabschnitt 2
Angelegenheiten der Mitbestimmung

§ 78 Mitbestimmung in Personalangelegenheiten
(1) Der Personalrat bestimmt mit in Personalangelegenheiten bei
1. Einstellung,
2. Beförderung, Verleihung eines anderen Amtes mit anderer Amtsbezeichnung beim Wechsel der Laufbahngruppe, Laufbahnwechsel,
3. Übertragung einer höher oder niedriger zu bewertenden Tätigkeit oder eines höher oder niedriger zu bewertenden Dienstpostens,
4. Eingruppierung, Höher- oder Rückgruppierung von Arbeitnehmerinnen oder Arbeitnehmern einschließlich der hiermit jeweils verbundenen Stufenzuordnung, jedoch nicht bei in das Ermessen des Arbeitgebers gestellten Stufenzuordnungen, es sei denn, es wurden allgemeine Grundsätze erlassen,
5. Versetzung zu einer anderen Dienststelle,
6. Umsetzung innerhalb der Dienststelle für mehr als drei Monate, wenn die Umsetzung mit einem Wechsel des Dienstorts verbunden ist und der neue Dienstort sich außerhalb des Einzugsgebiets im Sinne des Umzugskostenrechts befindet,
7. Abordnung, Zuweisung oder Personalgestellung für mehr als drei Monate,
8. Hinausschieben des Eintritts von Beamtinnen oder Beamten in den Ruhestand oder Weiterbeschäftigung von Arbeitnehmerinnen oder Arbeitnehmern über die Altersgrenze hinaus,
9. Anordnungen zur Wahl der Wohnung,
10. Versagung oder Widerruf der Genehmigung einer Nebentätigkeit,

11. Ablehnung eines Antrags nach den §§ 91 bis 92b oder § 95 des Bundesbeamtengesetzes auf Teilzeitbeschäftigung, Ermäßigung der regelmäßigen Arbeitszeit oder Urlaub,
12. Absehen von der Ausschreibung von Dienstposten, die besetzt werden sollen,
13. Auswahl der Teilnehmerinnen und Teilnehmer an Fortbildungsveranstaltungen mit Ausnahme der Nachbesetzung freier Plätze von Fortbildungsveranstaltungen, die in weniger als drei Arbeitstagen beginnen,
14. Bestellung von Vertrauens- oder Betriebsärztinnen und -ärzten als Beschäftigte,
15. Geltendmachung von Ersatzansprüchen gegen eine Beschäftigte oder einen Beschäftigten.

(2) In den Fällen des Absatzes 1 Nummer 15 bestimmt der Personalrat nur auf Antrag der oder des Beschäftigten mit; diese oder dieser ist von der beabsichtigten Maßnahme rechtzeitig vorher in Kenntnis zu setzen.

(3) In Personalangelegenheiten der in § 15 Absatz 2 Nummer 4 bezeichneten Beschäftigten, der Beamtinnen und Beamten auf Zeit und der Beschäftigten mit überwiegend wissenschaftlicher oder künstlerischer Tätigkeit bestimmt der Personalrat nach Absatz 1 nur mit, wenn sie es beantragen.

(4) Absatz 1 gilt nicht
1. für die in § 54 Absatz 1 des Bundesbeamtengesetzes bezeichneten Beamtinnen und Beamten und für entsprechende Arbeitnehmerinnen und Arbeitnehmer sowie
2. für Beamtenstellen von der Besoldungsgruppe A 16 an aufwärts und entsprechende Arbeitnehmerstellen.

(5) Der Personalrat kann in den Fällen des Absatzes 1 seine Zustimmung verweigern, wenn
1. die Maßnahme gegen ein Gesetz, eine Verordnung, eine Bestimmung in einem Tarifvertrag, eine gerichtliche Entscheidung, den Gleichstellungsplan oder eine Verwaltungsanordnung oder gegen eine Richtlinie im Sinne des § 80 Absatz 1 Nummer 12 verstößt,
2. die durch Tatsachen begründete Besorgnis besteht, dass durch die Maßnahme der oder die betroffene Beschäftigte oder andere Be-

schäftigte benachteiligt werden, ohne dass dies aus dienstlichen oder persönlichen Gründen gerechtfertigt ist, oder
3. die durch Tatsachen begründete Besorgnis besteht, dass die oder der Beschäftigte oder die Bewerberin oder der Bewerber den Frieden in der Dienststelle durch unsoziales oder gesetzwidriges Verhalten stören werde.

§ 79 Mitbestimmung in sozialen Angelegenheiten
(1) Der Personalrat bestimmt mit in sozialen Angelegenheiten bei
1. Gewährung von Unterstützungen, Vorschüssen, Darlehen und entsprechenden sozialen Zuwendungen,
2. Zuweisung und Kündigung von Wohnungen, über die die Beschäftigungsdienststelle verfügt, Ausübung von Belegungs- oder Vorschlagsrechten der Beschäftigungsdienststelle sowie der allgemeinen Festsetzung der Nutzungsbedingungen,
3. Zuweisung von Dienst- und Pachtland und Festsetzung der Nutzungsbedingungen,
4. Errichtung, Verwaltung und Auflösung von Sozialeinrichtungen ohne Rücksicht auf ihre Rechtsform,
5. Aufstellung von Sozialplänen einschließlich Plänen für Umschulungen zum Ausgleich oder zur Milderung von wirtschaftlichen Nachteilen, die der oder dem Beschäftigten infolge von Rationalisierungsmaßnahmen entstehen.

(2) ¹Hat eine Beschäftigte oder ein Beschäftigter eine Leistung nach Absatz 1 Nummer 1 beantragt, wird der Personalrat nur auf ihren oder seinen Antrag beteiligt; auf Verlangen der Antragstellerin oder des Antragstellers bestimmt nur der Vorstand des Personalrats mit. ²Die Dienststelle hat dem Personalrat nach Abschluss jedes Kalendervierteljahres einen Überblick über die Unterstützungen und entsprechenden sozialen Zuwendungen zu geben. ³Dabei sind die Anträge und die Leistungen gegenüberzustellen. ⁴Auskunft über die von den Antragstellerinnen und Antragstellern angeführten Gründe wird hierbei nicht erteilt.

§ 80 Mitbestimmung in organisatorischen Angelegenheiten
(1) Der Personalrat bestimmt mit, soweit eine gesetzliche oder tarifliche Regelung nicht besteht, über
1. Beginn und Ende der täglichen Arbeitszeit und der Pausen sowie die Verteilung der Arbeitszeit auf die einzelnen Wochentage,

2. Anordnung von Dienstbereitschaft, Bereitschaftsdienst, Rufbereitschaft, Mehrarbeit und Überstunden,
3. Einführung, Änderung und Aufhebung von Arbeitszeitmodellen,
4. Gestaltung der Arbeitsplätze,
5. Einführung, Änderung und Aufhebung von Arbeitsformen außerhalb der Dienststelle,
6. Aufstellung allgemeiner Urlaubsgrundsätze und des Urlaubsplanes, Festsetzung der zeitlichen Lage des Erholungsurlaubs für einzelne Beschäftigte, wenn zwischen der Dienststelle und den beteiligten Beschäftigten kein Einverständnis erzielt wird,
7. Zeit, Ort und Art der Auszahlung der Dienstbezüge und Arbeitsentgelte,
8. Fragen der Lohngestaltung innerhalb der Dienststelle, insbesondere die Aufstellung von Entlohnungsgrundsätzen, die Einführung und Anwendung von neuen Entlohnungsmethoden und deren Änderung sowie die Festsetzung der Akkord- und Prämiensätze und vergleichbarer leistungsbezogener Entgelte, einschließlich der Geldfaktoren,
9. Durchführung der Berufsausbildung bei Arbeitnehmerinnen und Arbeitnehmern,
10. allgemeine Fragen der Fortbildung der Beschäftigten,
11. Beurteilungsrichtlinien,
12. Erlass von Richtlinien über die personelle Auswahl bei Einstellungen, Versetzungen, Umgruppierungen und Kündigungen,
13. Maßnahmen, die der Familienfreundlichkeit, der Vereinbarkeit von Familie, Pflege und Beruf, der Durchsetzung der tatsächlichen Gleichstellung von Frauen und Männern, der Vermeidung von Benachteiligungen von Menschen, die sich keinem dieser Geschlechter zuordnen, sowie der Vermeidung von Benachteiligungen von Menschen mit Behinderungen dienen, insbesondere bei der Einstellung, Beschäftigung, Aus-, Fort- und Weiterbildung und dem beruflichen Aufstieg,
14. Grundsätze über die Bewertung von anerkannten Vorschlägen im Rahmen des behördlichen oder betrieblichen Vorschlagswesens,
15. Inhalt von Personalfragebogen,
16. Maßnahmen zur Verhütung von Dienst- und Arbeitsunfällen und Berufskrankheiten sowie zum Gesundheitsschutz im Rahmen der gesetzlichen Vorschriften oder der Unfallverhütungsvorschriften,

17. Grundsätze des behördlichen oder betrieblichen Gesundheits- und Eingliederungsmanagements,
18. Regelung der Ordnung in der Dienststelle und des Verhaltens der Beschäftigten,
19. Maßnahmen zur Hebung der Arbeitsleistung oder zur Erleichterung des Arbeitsablaufs,
20. Einführung grundlegend neuer Arbeitsmethoden,
21. Einführung und Anwendung technischer Einrichtungen, die dazu bestimmt sind, das Verhalten oder die Leistung der Beschäftigten zu überwachen.

(2) Muss für Gruppen von Beschäftigten die tägliche Arbeitszeit nach Erfordernissen, die die Dienststelle nicht voraussehen kann, unregelmäßig und kurzfristig festgesetzt werden, so beschränkt sich die Mitbestimmung nach Absatz 1 Nummer 1 und 2 auf die Grundsätze für die Aufstellung der Dienstpläne, insbesondere für die Anordnung von Dienstbereitschaft, Mehrarbeit und Überstunden.

Abschnitt 4
Mitwirkung

Unterabschnitt 1
Verfahren der Mitwirkung

§ 81 Verfahren zwischen Dienststelle und Personalrat
(1) Soweit der Personalrat an Entscheidungen mitwirkt, ist die beabsichtigte Maßnahme vor der Durchführung mit dem Ziel einer Verständigung rechtzeitig und eingehend mit ihm zu erörtern.

(2) ¹Äußert sich der Personalrat nicht innerhalb von zehn Arbeitstagen oder hält er bei Erörterung seine Einwendungen oder Vorschläge nicht aufrecht, so gilt die beabsichtigte Maßnahme als gebilligt. ²Der Personalrat und die Leiterin oder der Leiter der Dienststelle können im Einzelfall oder für die Dauer der Amtszeit des Personalrats schriftlich oder elektronisch eine abweichende Frist vereinbaren. ³Erhebt der Personalrat Einwendungen, so hat er der Leiterin oder dem Leiter der Dienststelle die Gründe mitzuteilen. ⁴Soweit dabei Beschwerden oder Behauptungen tatsächlicher Art vorgetragen werden, die für eine Beschäftigte oder einen Beschäftigten ungünstig sind oder für sie oder ihn nachteilig werden

können, hat die Dienststelle der oder dem Beschäftigten Gelegenheit zur Äußerung zu geben; die Äußerung ist aktenkundig zu machen.

(3) Entspricht die Dienststelle den Einwendungen des Personalrats nicht oder nicht in vollem Umfang, so teilt sie dem Personalrat ihre Entscheidung unter Angabe der Gründe schriftlich oder elektronisch mit.

§ 82 Stufenverfahren
(1) [1]Der Personalrat einer nachgeordneten Dienststelle kann die Angelegenheit binnen drei Arbeitstagen nach Zugang der Mitteilung auf dem Dienstweg den übergeordneten Dienststellen, bei denen Stufenvertretungen bestehen, mit dem Antrag auf Entscheidung schriftlich oder elektronisch vorlegen. [2]Die übergeordneten Dienststellen entscheiden nach Verhandlung mit der bei ihnen bestehenden Stufenvertretung. [3]§ 71 Absatz 1 Satz 2 bis 4 gilt entsprechend. [4]Eine Kopie seines Antrags leitet der Personalrat seiner Dienststelle zu.

(2) Ist ein Antrag nach Absatz 1 gestellt, so ist die beabsichtigte Maßnahme bis zur Entscheidung der angerufenen Dienststelle auszusetzen.

§ 83 Vorläufige Maßnahmen
[1]Die Leiterin oder der Leiter der Dienststelle kann bei Maßnahmen, die der Natur der Sache nach keinen Aufschub dulden, bis zur endgültigen Entscheidung vorläufige Regelungen treffen. [2]Sie oder er hat dem Personalrat die vorläufige Regelung mitzuteilen und zu begründen sowie unverzüglich das Verfahren der Mitwirkung einzuleiten oder fortzusetzen.

Unterabschnitt 2
Angelegenheiten der Mitwirkung

§ 84 Angelegenheiten der Mitwirkung
(1) Der Personalrat wirkt mit bei
1. Vorbereitung von Verwaltungsanordnungen einer Dienststelle für die innerdienstlichen, sozialen und persönlichen Angelegenheiten der Beschäftigten ihres Geschäftsbereiches, wenn nicht nach § 118 des Bundesbeamtengesetzes die Spitzenorganisationen der zuständigen Gewerkschaften bei der Vorbereitung zu beteiligen sind,

2. Auflösung, Einschränkung, Verlegung oder Zusammenlegung, Aufspaltung oder Ausgliederung von Dienststellen oder wesentlichen Teilen von ihnen,
3. Übertragung von Aufgaben der Dienststelle, die üblicherweise von ihren Beschäftigten wahrgenommen werden, auf Dauer an Privatpersonen oder andere Rechtsträger in der Rechtsform des Privatrechts,
4. Erhebung der Disziplinarklage gegen eine Beamtin oder einen Beamten,
5. Entlassung einer Beamtin oder eines Beamten auf Probe oder auf Widerruf, die oder der die Entlassung nicht selbst beantragt hat,
6. vorzeitiger Versetzung in den Ruhestand und Feststellung der begrenzten Dienstfähigkeit.

(2) ¹Maßnahmen nach Absatz 1 Nummer 4 bis 6 gegenüber den in § 78 Absatz 3 genannten Beschäftigten unterliegen nicht der Mitwirkung. ²Im Übrigen wird der Personalrat in den Fällen des Absatzes 1 Nummer 4 bis 6 nur auf Antrag der oder des Beschäftigten beteiligt; die oder der Beschäftigte ist von der beabsichtigten Maßnahme rechtzeitig vorher in Kenntnis zu setzen. ³Der Personalrat kann bei der Mitwirkung nach Absatz 1 Nummer 4 Einwendungen auf die in § 78 Absatz 5 Nummer 1 und 2 bezeichneten Gründe stützen.

§ 85 Ordentliche Kündigung
(1) ¹Der Personalrat wirkt bei der ordentlichen Kündigung durch den Arbeitgeber mit. ²§ 78 Absatz 3 gilt entsprechend. ³Der Personalrat kann gegen die Kündigung Einwendungen erheben, wenn nach seiner Ansicht
1. bei der Auswahl der zu kündigenden Arbeitnehmerin oder des zu kündigenden Arbeitnehmers soziale Gesichtspunkte nicht oder nicht ausreichend berücksichtigt worden sind,
2. die Kündigung gegen eine Richtlinie nach § 80 Absatz 1 Nummer 12 verstößt,
3. die zu kündigende Arbeitnehmerin oder der zu kündigende Arbeitnehmer an einem anderen Arbeitsplatz in derselben Dienststelle oder in einer anderen Dienststelle desselben Verwaltungszweiges an demselben Dienstort einschließlich seines Einzugsgebietes weiterbeschäftigt werden kann,

4. die Weiterbeschäftigung der Arbeitnehmerin oder des Arbeitnehmers nach zumutbaren Umschulungs- oder Fortbildungsmaßnahmen möglich ist oder
5. die Weiterbeschäftigung der Arbeitnehmerin oder des Arbeitnehmers unter geänderten Vertragsbedingungen möglich ist und die Arbeitnehmerin oder der Arbeitnehmer sich damit einverstanden erklärt.

[4]Wird der Arbeitnehmerin oder dem Arbeitnehmer gekündigt, obwohl der Personalrat Einwendungen gegen die Kündigung erhoben hat, so ist dem Arbeitnehmer mit der Kündigung eine Kopie der Stellungnahme des Personalrats zuzuleiten, es sei denn, dass die Stufenvertretung in der Verhandlung nach § 82 Absatz 1 Satz 2 die Einwendungen nicht aufrechterhalten hat.

(2) [1]Hat die Arbeitnehmerin oder der Arbeitnehmer im Fall des Absatzes 1 Satz 4 nach dem Kündigungsschutzgesetz Klage auf Feststellung erhoben, dass das Arbeitsverhältnis durch die Kündigung nicht aufgelöst ist, so muss der Arbeitgeber auf Verlangen der Arbeitnehmerin oder des Arbeitnehmers diese oder diesen nach Ablauf der Kündigungsfrist bis zum rechtskräftigen Abschluss des Rechtsstreits bei unveränderten Arbeitsbedingungen weiterbeschäftigen. [2]Auf Antrag des Arbeitgebers kann das Arbeitsgericht ihn durch einstweilige Verfügung von der Verpflichtung zur Weiterbeschäftigung nach Satz 1 entbinden, wenn
1. die Klage keine hinreichende Aussicht auf Erfolg bietet oder mutwillig erscheint,
2. die Weiterbeschäftigung zu einer unzumutbaren wirtschaftlichen Belastung des Arbeitgebers führen würde oder
3. der Widerspruch des Personalrats offensichtlich unbegründet war.

(3) Eine Kündigung ist unwirksam, wenn der Personalrat nicht beteiligt worden ist.

Abschnitt 5
Anhörung

§ 86 Außerordentliche Kündigung und fristlose Entlassung
[1]Vor fristlosen Entlassungen und außerordentlichen Kündigungen ist der Personalrat anzuhören. [2]Die Leiterin oder der Leiter der Dienststelle hat

die beabsichtigte Maßnahme zu begründen. ³Hat der Personalrat Bedenken, so hat er sie unter Angabe der Gründe der Leiterin oder dem Leiter der Dienststelle unverzüglich, spätestens jedoch innerhalb von drei Arbeitstagen schriftlich oder elektronisch mitzuteilen. ⁴§ 85 Absatz 3 gilt entsprechend.

§ 87 Weitere Angelegenheiten der Anhörung
(1) ¹Vor der Weiterleitung von Personalanforderungen zum Haushaltsvoranschlag ist der Personalrat anzuhören. ²Gibt der Personalrat einer nachgeordneten Dienststelle zu den Personalanforderungen eine Stellungnahme ab, so ist diese mit den Personalanforderungen der übergeordneten Dienststelle vorzulegen. ³Das gilt entsprechend für die Personalplanung.

(2) Absatz 1 gilt entsprechend für Neu-, Um- und Erweiterungsbauten von Diensträumen.

(3) Vor grundlegenden Änderungen von Arbeitsverfahren und Arbeitsabläufen ist der Personalrat anzuhören.

Kapitel 5
Stufenvertretungen und Gesamtpersonalrat

Abschnitt 1
Bildung und Beteiligung der Stufenvertretungen

§ 88 Errichtung
Für den Geschäftsbereich mehrstufiger Verwaltungen werden bei den Behörden der Mittelstufe Bezirkspersonalräte, bei den obersten Dienstbehörden Hauptpersonalräte gebildet.

§ 89 Wahl und Zusammensetzung
(1) ¹Die Mitglieder des Bezirkspersonalrats werden von den zum Geschäftsbereich der Behörde der Mittelstufe gehörenden Beschäftigten gewählt. ²Die Mitglieder des Hauptpersonalrats werden von den zum Geschäftsbereich der obersten Dienstbehörde gehörenden Beschäftigten gewählt.

(2) ¹Die §§ 13 bis 16, § 17 Absatz 1, 2, 6 und 7, die §§ 18 bis 22 sowie die §§ 24 bis 26 gelten entsprechend. ²§ 15 Absatz 2 Nummer 4 gilt nur für

die Beschäftigten der Dienststelle, bei der die Stufenvertretung zu errichten ist. ³Eine Personalversammlung zur Bestellung des Bezirks- oder Hauptwahlvorstands findet nicht statt. ⁴An ihrer Stelle übt die Leiterin oder der Leiter der Dienststelle, bei der die Stufenvertretung zu errichten ist, die Befugnis zur Bestellung des Wahlvorstands nach den §§ 22 und 24 aus.

(3) Werden in einer Verwaltung die Personalräte und Stufenvertretungen gleichzeitig gewählt, so führen die bei den Dienststellen bestehenden Wahlvorstände die Wahlen der Stufenvertretungen im Auftrag des Bezirks- oder Hauptwahlvorstands durch; andernfalls bestellen auf sein Ersuchen die Personalräte oder, wenn solche nicht bestehen, die Leiterinnen oder Leiter der Dienststellen die örtlichen Wahlvorstände für die Wahl der Stufenvertretungen.

(4) ¹In den Stufenvertretungen erhält jede Gruppe mindestens eine Vertreterin oder einen Vertreter. ²Besteht die Stufenvertretung aus mehr als neun Mitgliedern, erhält jede Gruppe mindestens zwei Vertreterinnen oder Vertreter. ³§ 17 Absatz 5 gilt entsprechend.

§ 90 Amtszeit und Geschäftsführung
¹Für die Stufenvertretungen gilt Kapitel 2 Abschnitt 2 und 3 mit Ausnahme des § 45 entsprechend. ²§ 36 Absatz 1 gilt mit der Maßgabe, dass die Mitglieder der Stufenvertretung spätestens zehn Arbeitstage nach dem Wahltag einzuberufen sind.

§ 91 Rechtsstellung
Für die Rechtsstellung der Mitglieder der Stufenvertretung gilt Kapitel 2 Abschnitt 4 mit Ausnahme des § 52 Absatz 2 entsprechend.

§ 92 Zuständigkeit
(1) In Angelegenheiten, in denen die Dienststelle nicht zur Entscheidung befugt ist, ist an Stelle des Personalrats die bei der zuständigen Dienststelle gebildete Stufenvertretung zu beteiligen.

(2) ¹Vor einem Beschluss in Angelegenheiten, die einzelne Beschäftigte oder Dienststellen betreffen, gibt die Stufenvertretung dem Personalrat oder, sofern dieser zuständig wäre, dem bei dieser Dienststelle gebildeten Gesamtpersonalrat Gelegenheit zur Äußerung. ²In diesem Fall verdoppeln sich die Fristen des § 70 Absatz 3 Satz 1 und 2, des § 71 Absatz 1

Satz 1, des § 81 Absatz 2 Satz 1 sowie des § 82 Absatz 1 Satz 1, sofern die Stufenvertretung und die Leiterin oder der Leiter der Dienststelle keine abweichende Regelung vereinbaren.

(3) Für die Aufgaben, Befugnisse und Pflichten der Stufenvertretungen gilt Kapitel 4 entsprechend.

(4) Werden im Geschäftsbereich mehrstufiger Verwaltungen personelle oder soziale Maßnahmen von einer Dienststelle getroffen, bei der keine für eine Beteiligung an diesen Maßnahmen zuständige Personalvertretung vorgesehen ist, so ist die Stufenvertretung bei der nächsthöheren Dienststelle, zu deren Geschäftsbereich die entscheidende Dienststelle und die von der Entscheidung Betroffenen gehören, zu beteiligen.

Abschnitt 2
Bildung und Beteiligung des Gesamtpersonalrats

§ 93 Errichtung
In den Fällen des § 7 wird neben den einzelnen Personalräten ein Gesamtpersonalrat gebildet.

§ 94 Anzuwendende Vorschriften
Für den Gesamtpersonalrat gelten § 89 Absatz 1, 2 und 4, § 90 Satz 1 sowie § 91 entsprechend.

§ 95 Zuständigkeit
(1) Für die Verteilung der Zuständigkeiten zwischen Personalrat und Gesamtpersonalrat gilt § 92 Absatz 1 und 2 entsprechend.

(2) Für die Aufgaben, Befugnisse und Pflichten des Gesamtpersonalrats gilt Kapitel 4 entsprechend.

Kapitel 6
Arbeitsgemeinschaft der Hauptpersonalräte

§ 96 Zusammensetzung, Amtszeit, Teilnahmerechte
(1) ¹Die Hauptpersonalräte bei den obersten Bundesbehörden bilden die Arbeitsgemeinschaft der Hauptpersonalräte. ²Ist in der obersten Bundesbehörde kein Hautpersonalrat gebildet, gilt der Gesamtpersonalrat oder, falls ein Gesamtpersonalrat nicht gebildet ist, der Personalrat der

obersten Bundesbehörde als Hauptpersonalrat im Sinne dieses Kapitels.

(2) ¹Jeder Hauptpersonalrat entsendet ein Mitglied in die Arbeitsgemeinschaft der Hauptpersonalräte und bestimmt mindestens ein Ersatzmitglied. ²Die Mitgliedschaft in der Arbeitsgemeinschaft der Hauptpersonalräte endet durch das Erlöschen der Mitgliedschaft in dem entsendenden Hauptpersonalrat, die Abberufung durch den entsendenden Hauptpersonalrat oder die Niederlegung des Amts in der Arbeitsgemeinschaft der Hauptpersonalräte. ³§ 32 ist entsprechend anzuwenden.

(3) Die Arbeitsgemeinschaft der Hauptpersonalräte wählt aus ihrer Mitte bis zu zwei Vorsitzende und bis zu zwei stellvertretende Vorsitzende.

(4) Die Amtszeit der Arbeitsgemeinschaft der Hauptpersonalräte beginnt am 1. Juni des Jahres, in dem die regelmäßigen Personalratswahlen stattfinden, und endet mit dem Ablauf von vier Jahren.

(5) Ein Vertreter oder eine Vertreterin der Haupt-Jugend- und -Auszubildendenvertretungen, der oder die von diesen benannt wird, und je ein Vertreter oder eine Vertreterin der Arbeitsgemeinschaft der Schwerbehindertenvertretungen des Bundes und der Vereinigung der Schwerbehindertenvertretungen des Bundes haben das Recht, an den Sitzungen der Arbeitsgemeinschaft der Hauptpersonalräte beratend teilzunehmen.

§ 97 Geschäftsführung und Rechtsstellung
(1) Für die Geschäftsführung der Arbeitsgemeinschaft der Hauptpersonalräte und die Rechtsstellung ihrer Mitglieder gelten § 36 Absatz 2 Satz 1 bis 3, die §§ 38, 43 und 44 sowie die §§ 48 bis § 52 Absatz 1 entsprechend.

(2) ¹Die Geschäftsstelle der Arbeitsgemeinschaft der Hauptpersonalräte wird bei der obersten Bundesbehörde eingerichtet, deren Geschäftsbereich die oder der Vorsitzende der Arbeitsgemeinschaft der Hauptpersonalräte angehört. ²Hat die Arbeitsgemeinschaft der Hauptpersonalräte zwei Vorsitzende gewählt, beschließt sie mit einfacher Mehrheit über den Sitz der Geschäftsstelle bei einer der obersten Bundesbehörden, deren Geschäftsbereichen die Vorsitzenden angehören.

§ 98 Stellungnahmerecht bei ressortübergreifenden Digitalisierungsmaßnahmen

(1) ¹Vor Entscheidungen oberster Bundesbehörden oder Vorlagen an die Bundesregierung in Angelegenheiten des § 80 Absatz 1 Nummer 21, die die Geschäftsbereiche mehrerer oberster Bundesbehörden betreffen, ist der Arbeitsgemeinschaft der Hauptpersonalräte Gelegenheit zur Stellungnahme zu geben. ²Das Stellungnahmerecht erstreckt sich auch auf Maßnahmen, die
1. mit den in Satz 1 genannten Angelegenheiten unmittelbar zusammenhängen,
2. ebenfalls die Geschäftsbereiche mehrerer oberster Bundesbehörden betreffen und
3. der Beteiligung nach Kapitel 4 unterlägen, wenn sie von einer Dienststelle nur für ihre Beschäftigten getroffen würden, mit Ausnahme personeller Einzelmaßnahmen.

(2) ¹Die federführend zuständige oberste Bundesbehörde unterrichtet die Arbeitsgemeinschaft der Hauptpersonalräte rechtzeitig und umfassend von der beabsichtigten Entscheidung und legt ihr die hierfür erforderlichen Unterlagen vor. ²Die Arbeitsgemeinschaft der Hauptpersonalräte teilt der obersten Bundesbehörde ihre Stellungnahme innerhalb einer Frist von vier Wochen mit, soweit nicht einvernehmlich eine andere Frist vereinbart ist. ³In dringenden Fällen kann die Dienststelle die Frist auf eine Woche abkürzen oder, sofern die Entscheidung der Natur der Sache nach keinen Aufschub duldet, die Stellungnahme nachträglich einholen. ⁴Auf Verlangen der Arbeitsgemeinschaft der Hauptpersonalräte ist die beabsichtigte Maßnahme mit ihr vor Abgabe der Stellungnahme zu erörtern.

(3) ¹Die Befugnisse und Pflichten der Personalvertretungen nach diesem Gesetz bleiben unberührt. ²Die Arbeitsgemeinschaft der Hauptpersonalräte informiert die Hauptpersonalräte regelmäßig über ihre Tätigkeit.

Kapitel 7
Jugend- und Auszubildendenvertretung, Jugend- und Auszubildendenversammlung

§ 99 Errichtung
In Dienststellen, bei denen Personalvertretungen gebildet sind und denen in der Regel mindestens fünf Beschäftigte angehören, die das 18. Lebensjahr noch nicht vollendet haben oder die sich in einer beruflichen Ausbildung befinden, werden Jugend- und Auszubildendenvertretungen gebildet.

§ 100 Wahlberechtigung und Wählbarkeit
(1) ¹Wahlberechtigt sind die Beschäftigten, die am Wahltag das 18. Lebensjahr noch nicht vollendet haben oder sich in einer beruflichen Ausbildung befinden. ²§ 14 Absatz 1 Nummer 1 und 2 sowie Absatz 2 gilt entsprechend.

(2) ¹Wählbar sind die Beschäftigten, die am Wahltag das 26. Lebensjahr noch nicht vollendet haben oder sich in einer beruflichen Ausbildung befinden. ²§ 15 Absatz 1 Satz 1 Nummer 2, Satz 2 und Absatz 2 Nummer 1, 2 und 4 gelten entsprechend. ³Die gleichzeitige Mitgliedschaft im Personalrat und in der Jugend- und Auszubildendenvertretung ist zulässig. ⁴Ein Mitglied des Personalrats, das gleichzeitig Mitglied der Jugend- und Auszubildendenvertretung ist, darf bei Beschlussfassungen des Personalrats, bei denen die Vertreterinnen und Vertreter der Jugend- und Auszubildendenvertretung stimmberechtigt sind, nur eine Stimme abgeben.

§ 101 Größe und Zusammensetzung
(1) Die Jugend- und Auszubildendenvertretung besteht in Dienststellen mit in der Regel
1. 5 bis 20 Beschäftigten, die das 18. Lebensjahr noch nicht vollendet haben oder sich in einer beruflichen Ausbildung befinden, aus einer Jugend- und Auszubildendenvertreterin oder einem Jugend- und Auszubildendenvertreter,
2. 21 bis 50 der in Nummer 1 genannten Beschäftigten aus drei Jugend- und Auszubildendenvertreterinnen oder -vertretern,
3. 51 bis 200 der in Nummer 1 genannten Beschäftigten aus fünf Jugend- und Auszubildendenvertreterinnen oder -vertretern,

4. 201 bis 300 der in Nummer 1 genannten Beschäftigten aus sieben Jugend- und Auszubildendenvertreterinnen oder -vertretern,
5. 301 bis 1000 der in Nummer 1 genannten Beschäftigten aus elf Jugend- und Auszubildendenvertreterinnen oder -vertretern,
6. mehr als 1000 der in Nummer 1 genannten Beschäftigten aus 15 Jugend- und Auszubildendenvertreterinnen oder -vertretern.

(2) Die Jugend- und Auszubildendenvertretung soll sich aus Vertreterinnen oder Vertretern der verschiedenen Beschäftigungsarten der Beschäftigten, die das 18. Lebensjahr noch nicht vollendet haben oder sich in einer beruflichen Ausbildung befinden, zusammensetzen.

(3) Frauen und Männer sollen in der Jugend- und Auszubildendenvertretung entsprechend ihrem Zahlenverhältnis unter den Beschäftigten, die das 18. Lebensjahr noch nicht vollendet haben oder sich in einer beruflichen Ausbildung befinden, vertreten sein.

§ 102 Wahl, Amtszeit und Vorsitz

(1) ¹Spätestens acht Wochen vor Ablauf der Amtszeit der Jugend- und Auszubildendenvertretung bestimmt der Personalrat im Einvernehmen mit der Jugend- und Auszubildendenvertretung den Wahlvorstand und seinen Vorsitzenden oder seine Vorsitzende. ²§ 21 Satz 5 bis 7 gilt entsprechend. ³Kommt ein Einvernehmen zwischen Personalrat und Jugend- und Auszubildendenvertretung nicht zustande, gelten die §§ 22 und 23 entsprechend mit der Maßgabe, dass an die Stelle einer Personalversammlung eine Jugend- und Auszubildendenversammlung tritt. ⁴Für die Wahl der Jugend- und Auszubildendenvertretung gelten § 19 Absatz 1 und 3, § 20 Absatz 1 Satz 1, Absatz 2, 4 und 5, § 25 Absatz 1 Satz 1 und 2, Absatz 2 und § 26 entsprechend.

(2) ¹Die regelmäßigen Wahlen der Jugend- und Auszubildendenvertretung finden alle zwei Jahre in der Zeit vom 1. März bis 31. Mai statt. ²Die Amtszeit der Jugend- und Auszubildendenvertretung beginnt am 1. Juni des Jahres, in dem die regelmäßigen Wahlen der Jugend- und Auszubildendenvertretung stattfinden, und endet mit dem Ablauf von zwei Jahren. ³§ 27 Absatz 2 Satz 2 ist entsprechend anzuwenden. ⁴Für die Wahl der Jugend- und Auszubildendenvertretung außerhalb des in Satz 1 genannten Zeitraums gilt § 28 Absatz 1 Nummer 2 bis 6, Absatz 2, 3 und 5 entsprechend.

(3) Besteht die Jugend- und Auszubildendenvertretung aus mehr als zwei Mitgliedern, so wählt sie aus ihrer Mitte eine Vorsitzende oder einen Vorsitzenden und eine stellvertretende Vorsitzende oder einen stellvertretenden Vorsitzenden.

(4) Die §§ 29 bis 33 gelten entsprechend.

§ 103 Aufgaben
Die Jugend- und Auszubildendenvertretung hat folgende allgemeine Aufgaben:
1. Maßnahmen beim Personalrat zu beantragen, die den Beschäftigten dienen, die das 18. Lebensjahr noch nicht vollendet haben oder sich in einer beruflichen Ausbildung befinden, insbesondere Maßnahmen auf dem Gebiet der Berufsbildung,
2. darüber zu wachen, dass die zugunsten der in Nummer 1 genannten Beschäftigten geltenden Gesetze, Verordnungen, Unfallverhütungsvorschriften, Tarifverträge, Dienstvereinbarungen und Verwaltungsanordnungen durchgeführt werden,
3. Anregungen und Beschwerden der in Nummer 1 genannten Beschäftigten, insbesondere auf dem Gebiet der Berufsbildung, entgegenzunehmen und, falls die Anregungen und Beschwerden berechtigt erscheinen, beim Personalrat auf eine Erledigung hinzuwirken; die Jugend- und Auszubildendenvertretung hat die betroffenen Beschäftigten über den Stand und das Ergebnis der Verhandlungen zu informieren.

§ 104 Zusammenarbeit mit dem Personalrat
(1) Die Zusammenarbeit der Jugend- und Auszubildendenvertretung mit dem Personalrat bestimmt sich nach § 36 Absatz 3, § 37 Absatz 1 und § 42.

(2) ¹Zur Durchführung ihrer Aufgaben ist die Jugend- und Auszubildendenvertretung durch den Personalrat rechtzeitig und umfassend zu unterrichten. ²Die Jugend- und Auszubildendenvertretung kann verlangen, dass ihr der Personalrat die zur Durchführung ihrer Aufgaben erforderlichen Unterlagen, einschließlich der für die Durchführung seiner Aufgaben erforderlichen personenbezogenen Daten, zur Verfügung stellt. ³§ 69 gilt entsprechend.

(3) ¹Der Personalrat hat die Jugend- und Auszubildendenvertretung zu den Besprechungen zwischen der Leiterin oder dem Leiter der Dienststelle und dem Personalrat nach § 65 beizuziehen, wenn Angelegenheiten behandelt werden, die besonders die Beschäftigten betreffen, die das 18. Lebensjahr noch nicht vollendet haben oder sich in einer beruflichen Ausbildung befinden. ²Darüber hinaus sollen die Leiterin oder der Leiter der Dienststelle und die Jugend- und Auszubildendenvertretung mindestens einmal im Halbjahr zu einer Besprechung zusammentreten.

(4) ¹Die Jugend- und Auszubildendenvertretung kann nach Verständigung des Personalrats Sitzungen abhalten; § 36 Absatz 1 und 2, § 37 Absatz 2 und 3, die §§ 38 und 39 und 41 sowie die §§ 43 und 44 gelten entsprechend. ²An den Sitzungen der Jugend- und Auszubildendenvertretung kann ein vom Personalrat beauftragtes Personalratsmitglied teilnehmen.

§ 105 Anzuwendende Vorschriften
¹Für die Jugend- und Auszubildendenvertretung gelten § 2 Absatz 5, die §§ 45 bis 52 Absatz 1 und § 54 entsprechend. ²§ 55 gilt entsprechend mit der Maßgabe, dass die außerordentliche Kündigung, die Versetzung und die Abordnung von Mitgliedern der Jugend- und Auszubildendenvertretung der Zustimmung des Personalrats bedürfen. ³Für Mitglieder des Wahlvorstands und Wahlbewerberinnen und Wahlbewerber gilt § 55 Absatz 1 und 2 Satz 1 und 2 entsprechend. ⁴§ 56 gilt entsprechend; in dem Verfahren vor dem Verwaltungsgericht nach § 56 Absatz 4 ist bei einem Mitglied der Jugend- und Auszubildendenvertretung auch diese Beteiligte.

§ 106 Jugend- und Auszubildendenversammlung
¹Die Jugend- und Auszubildendenvertretung hat einmal in jedem Kalenderjahr eine Jugend- und Auszubildendenversammlung durchzuführen. ²Diese soll möglichst unmittelbar vor oder nach einer ordentlichen Personalversammlung stattfinden. ³Sie wird von der oder dem Vorsitzenden der Jugend- und Auszubildendenvertretung geleitet. ⁴Der oder die Personalratsvorsitzende oder ein vom Personalrat beauftragtes Mitglied soll an der Jugend- und Auszubildendenversammlung teilnehmen. ⁵Die für die Personalversammlung geltenden Vorschriften gelten entsprechend. ⁶Außer der in Satz 1 bezeichneten Jugend- und Auszubildenden-

versammlung kann eine weitere, nicht auf Wunsch des Leiters oder der Leiterin der Dienststelle einberufene Versammlung während der Arbeitszeit stattfinden.

§ 107 Stufenvertretungen

(1) ¹Für den Geschäftsbereich mehrstufiger Verwaltungen werden, soweit Stufenvertretungen bestehen, bei den Behörden der Mittelstufen Bezirks-Jugend- und -Auszubildendenvertretungen und bei den obersten Dienstbehörden Haupt-Jugend- und -Auszubildendenvertretungen gebildet. ²Für die Jugend- und Auszubildendenstufenvertretungen gelten § 89 Absatz 1 und 3 sowie die §§ 99 bis 105 entsprechend.

(2) ¹In den Fällen des § 7 wird neben den einzelnen Jugend- und Auszubildendenvertretungen eine Gesamt-Jugend- und -Auszubildendenvertretung gebildet. ²Absatz 1 Satz 2 gilt entsprechend.

Kapitel 8
Gerichtliche Entscheidungen

§ 108 Zuständigkeit der Verwaltungsgerichte, Anwendung des Arbeitsgerichtsgesetzes

(1) Die Verwaltungsgerichte, im dritten Rechtszug das Bundesverwaltungsgericht, entscheiden in den Fällen der §§ 26, 30, 55 Absatz 1 und des § 56 sowie über
1. Wahlberechtigung und Wählbarkeit,
2. Wahl, Amtszeit und Zusammensetzung der Personalvertretungen und der Jugend- und Auszubildendenvertretungen,
3. Zuständigkeit, Geschäftsführung und Rechtsstellung der Personalvertretungen und der Jugend- und Auszubildendenvertretungen,
4. Rechtmäßigkeit eines Beschlusses der Einigungsstelle oder Aufhebung eines Beschlusses der Einigungsstelle durch die oberste Dienstbehörde sowie
5. Bestehen oder Nichtbestehen von Dienstvereinbarungen.

(2) Die Vorschriften des Arbeitsgerichtsgesetzes über das Beschlussverfahren gelten entsprechend.

§ 109 Bildung von Fachkammern und Fachsenaten

(1) ¹Für Streitigkeiten nach diesem Teil sind bei den Verwaltungsgerichten Fachkammern und bei den Oberverwaltungsgerichten Fachsenate zu bilden. ²Die Zuständigkeit einer Fachkammer kann auf die Bezirke anderer Gerichte oder Teile von ihnen erstreckt werden.

(2) Die Fachkammern und Fachsenate entscheiden in der Besetzung mit einer oder einem Vorsitzenden und vier ehrenamtlichen Richterinnen oder Richtern.

(3) ¹Die ehrenamtlichen Richterinnen und Richter müssen Beschäftigte im öffentlichen Dienst des Bundes sein. ²Sie werden durch die Landesregierung oder die von ihr bestimmte Stelle je zur Hälfte auf Vorschlag der Gewerkschaften, die unter den Beschäftigten vertreten sind, und der in § 1 bezeichneten Verwaltungen und Gerichte berufen. ³Von den von den Gewerkschaften vorzuschlagenden ehrenamtlichen Richterinnen und Richtern muss eine Person Beamtin oder Beamter und die andere Arbeitnehmerin oder Arbeitnehmer sein. ⁴Für die Berufung und die Stellung der ehrenamtlichen Richterinnen und Richter und für ihre Heranziehung zu den Sitzungen gelten die Vorschriften des Arbeitsgerichtsgesetzes über ehrenamtliche Richterinnen und Richter entsprechend.

Kapitel 9
Sondervorschriften

Abschnitt 1
Vorschriften für besondere Verwaltungszweige

§ 110 Grundsatz

Für die nachstehenden Zweige des öffentlichen Dienstes gilt dieses Gesetz, soweit im Folgenden nichts anderes bestimmt ist.

§ 111 Bundespolizei

(1) ¹Die Beschäftigten der Bundespolizeibehörden und der ihnen nachgeordneten Dienststellen wählen Bundespolizeipersonalvertretungen. ²Bundespolizeipersonalvertretungen sind die Bundespolizeipersonalräte, die Bundespolizeibezirkspersonalräte und der Bundespolizeihauptpersonalrat.

(2) Die Vorschriften über die Jugend- und Auszubildendenvertretung gelten nicht für die Polizeivollzugsbeamtinnen und -beamten.

(3) Eine Beteiligung der Bundespolizeipersonalvertretung findet nicht statt bei
1. Anordnungen für Polizeivollzugsbeamtinnen und -beamte, durch die Einsätze oder Einsatzübungen geregelt werden,
2. der Einstellung von Polizeivollzugsbeamtinnen und -beamten für die Grundausbildung.

§ 112 Bundesnachrichtendienst

(1) ¹Teile und Stellen des Bundesnachrichtendienstes, die nicht zur Zentrale des Bundesnachrichtendienstes gehören, gelten als Dienststellen im Sinne des § 4 Absatz 1 Nummer 6. ²In Zweifelsfällen entscheidet die Präsidentin oder der Präsident des Bundesnachrichtendienstes über die Dienststelleneigenschaft.

(2) Die Mitgliedschaft im Personalrat ruht bei Personen, die zu einer sicherheitsempfindlichen Tätigkeit nicht zugelassen sind.

(3) ¹Die Personalversammlungen finden nur in den Räumen der Dienststelle statt. ²Die Präsidentin oder der Präsident des Bundesnachrichtendienstes kann nach Anhörung des Personalrats bestimmen, dass Personalversammlungen als Teilversammlung durchgeführt werden. ³Die Leiterin oder der Leiter der Dienststelle kann nach Anhörung des Personalrats bestimmen, dass Beschäftigte, bei denen dies wegen ihrer dienstlichen Aufgaben zwingend geboten ist, nicht an der jeweiligen Personalversammlung teilnehmen. ⁴Die Tagesordnung der Personalversammlung und die in der Personalversammlung sowie im Tätigkeitsbericht zu behandelnden Punkte legt der Personalrat im Benehmen mit der Leiterin oder dem Leiter der Dienststelle fest. ⁵Andere Punkte dürfen nicht behandelt werden.

(4) ¹In den Fällen der §§ 22 und 24 sowie des § 28 Absatz 3 bestellt die Leiterin oder der Leiter der Dienststelle den Wahlvorstand. ²Die Beschäftigten des Bundesnachrichtendienstes wählen keine Stufenvertretung. ³Soweit eine Stufenvertretung zuständig ist, ist an ihrer Stelle der Gesamtpersonalrat zu beteiligen. ⁴Die Aufgaben der obersten Dienstbehörde nach diesem Gesetz nimmt die Chefin oder der Chef des Bundeskanzleramtes wahr. ⁵Die §§ 72 bis 75 sind nicht anzuwenden. ⁶§ 71 ist mit

der Maßgabe anzuwenden, dass die oberste Dienstbehörde endgültig entscheidet. [7]In den Fällen des § 55 Absatz 2 tritt an die Stelle der Zustimmung die Mitwirkung nach Kapitel 4 Abschnitt 4.

(5) [1]§ 77 Absatz 2 Satz 2 Nummer 1 und § 85 Absatz 2 sind nicht anzuwenden. [2]Die Regelungen der §§ 21, 37 Absatz 2, des § 42 Absatz 1 sowie des § 58 Absatz 2 über eine Beteiligung von Vertreterinnen oder Vertretern oder Beauftragten der Gewerkschaften und Arbeitgebervereinigungen sind nicht anzuwenden. [3]Die Präsidentin oder der Präsident des Bundesnachrichtendienstes kann bestimmen, dass Beauftragte der Gewerkschaften zu einer sicherheitsempfindlichen Tätigkeit zugelassen sein müssen. [4]Die Präsidentin oder der Präsident des Bundesnachrichtendienstes kann die Anwendung des § 13 Absatz 2 ausschließen.

(6) § 125 ist mit den Maßgaben anzuwenden, dass
1. § 125 Absatz 1 Satz 1 nur anzuwenden ist, wenn nicht alle Mitglieder der zuständigen Personalvertretung ermächtigt sind, von Verschlusssachen des entsprechenden Geheimhaltungsgrades Kenntnis zu erhalten;
2. Personalvertretungen keine Ausschüsse bilden; an die Stelle der Ausschüsse der Personalvertretungen tritt der Ausschuss des Gesamtpersonalrats;
3. die Präsidentin oder der Präsident des Bundesnachrichtendienstes außer in den Fällen des § 125 Absatz 5 auch bei Vorliegen besonderer nachrichtendienstlicher Gründe Anordnungen im Sinne des § 125 Absatz 5 treffen oder von einer Beteiligung absehen kann.

(7) [1]Bei Vorliegen besonderer Sicherheitsvorfälle oder einer besonderen Einsatzsituation, von der der Bundesnachrichtendienst ganz oder teilweise betroffen ist, ruhen die Rechte und Pflichten der zuständigen Personalvertretungen. [2]Beginn und Ende des Ruhens der Befugnisse der Personalvertretung werden jeweils von der Präsidentin oder dem Präsidenten des Bundesnachrichtendienstes im Einvernehmen mit der Chefin oder dem Chef des Bundeskanzleramtes festgestellt.

(8) [1]Für gerichtliche Entscheidungen nach § 108 Absatz 1 ist im ersten und letzten Rechtszug das Bundesverwaltungsgericht zuständig. [2]Im gerichtlichen Verfahren gilt § 99 der Verwaltungsgerichtsordnung entsprechend.

(9) Die oberste Dienstbehörde und der Gesamtpersonalrat können schriftlich oder elektronisch und jederzeit widerruflich eine von den Absätzen 1 bis 3, Absatz 4 Satz 1, 5 bis 7 sowie den Absätzen 5 und 6 abweichende Dienstvereinbarung treffen.

(10) Soweit sich aus den Absätzen 1 bis 9 nichts anderes ergibt, gelten die §§ 59 bis 63 des Soldatenbeteiligungsgesetzes entsprechend.

§ 113 Bundesamt für Verfassungsschutz

(1) Die Präsidentin oder der Präsident des Bundesamtes für Verfassungsschutz kann nach Anhörung des Personalrats bestimmen, dass Beschäftigte, bei denen dies wegen ihrer dienstlichen Aufgaben dringend geboten ist, nicht an Personalversammlungen teilnehmen.

(2) Die Regelungen der §§ 21, § 37 Absatz 2, des § 42 Absatz 1 und des § 58 Absatz 2 über eine Beteiligung von Vertreterinnen oder Vertretern oder Beauftragten der Gewerkschaften und Arbeitgebervereinigungen sind nicht anzuwenden.

(3) Bei der Beteiligung der Stufenvertretung und der Einigungsstelle sind Angelegenheiten, die lediglich Beschäftigte des Bundesamtes für Verfassungsschutz betreffen, in entsprechender Anwendung des § 125 wie Verschlusssachen des Geheimhaltungsgrades »VS-VERTRAULICH« zu behandeln, soweit nicht die zuständige Stelle etwas anderes bestimmt.

§ 114 Bundesagentur für Arbeit und andere bundesunmittelbare Körperschaften des öffentlichen Rechts im Bereich der Sozialversicherung

(1) Abweichend von § 4 Absatz 1 Nummer 4 sind bei der Bundesagentur für Arbeit und den anderen bundesunmittelbaren Körperschaften des öffentlichen Rechts im Bereich der Sozialversicherung Behörden der Mittelstufe im Sinne dieses Gesetzes die der Zentrale, der Hauptverwaltung oder der Hauptverwaltungsstelle unmittelbar nachgeordneten Dienststellen, denen andere Dienststellen nachgeordnet sind.

(2) [1]Abweichend von § 8 Satz 1 handelt für die Körperschaft der Vorstand, soweit ihm die Entscheidung zusteht. [2]Abweichend von § 8 Satz 2 kann der Vorstand sich durch eines oder mehrere seiner Mitglieder vertreten lassen.

(3) ¹Abweichend von § 8 Satz 1 handelt für die Agenturen für Arbeit, bei denen eine Geschäftsführung bestellt ist, und für die Regionaldirektionen der Bundesagentur für Arbeit das vorsitzende Mitglied der Geschäftsführung. ²Abweichend von § 8 Satz 2 kann es sich durch eines oder mehrere der weiteren Mitglieder der Geschäftsführung vertreten lassen.

(4) ¹Als oberste Dienstbehörde im Sinne der §§ 71 bis 77 gilt der Vorstand. ²Abweichend von § 71 Absatz 1 Satz 3 ist als oberste Dienstbehörde der Vorstand anzurufen.

§ 115 Deutsche Bundesbank

(1) ¹Oberste Dienstbehörde ist die Präsidentin oder der Präsident der Deutschen Bundesbank. ²Der Vorstand gilt als oberste Dienstbehörde, soweit ihm die Entscheidung zusteht; § 71 Absatz 1 Satz 3 ist nicht anzuwenden.

(2) ¹Abweichend von § 8 Satz 1 handelt der Vorstand, soweit ihm die Entscheidung zusteht. ²Er kann sich durch eines oder mehrere seiner Mitglieder vertreten lassen.

§ 116 Deutsche Welle

(1) ¹Die Einrichtungen der Deutschen Welle am Sitz Bonn und die Einrichtungen der Deutschen Welle am Sitz Berlin bilden je eine Dienststelle im Sinne dieses Gesetzes. ²Leiterin oder Leiter der Dienststellen ist die Intendantin oder der Intendant. ³Sie oder er gilt als oberste Dienstbehörde im Sinne dieses Gesetzes; § 71 Absatz 1 Satz 3 ist nicht anzuwenden. ⁴§ 8 ist entsprechend anzuwenden. ⁵Andere als die in Satz 1 genannten Einrichtungen der Deutschen Welle werden von der Intendantin oder dem Intendanten einer Dienststelle zugeordnet. ⁶§ 7 ist nicht anzuwenden.

(2) ¹Die Beschäftigten in beiden Dienststellen wählen neben den örtlichen Personalräten einen Gesamtpersonalrat. ²Dieser wirkt bei der Entscheidung nach Absatz 1 Satz 5 mit. ³Er ist zuständig für die Behandlung dienststellenübergreifender Angelegenheiten. ⁴Der Gesamtpersonalrat hat seinen Sitz am Sitz der Intendantin oder des Intendanten. ⁵Die für den Gesamtpersonalrat maßgebenden Bestimmungen sind im Übrigen entsprechend anzuwenden.

(3) ¹Die Beschäftigten im Sinne des § 99 in beiden Dienststellen wählen neben den örtlichen Jugend- und Auszubildendenvertretungen eine

Gesamt-Jugend- und -Auszubildendenvertretung. ²Absatz 2 Satz 3 gilt entsprechend. ³Der Sitz der Gesamt-Jugend- und -Auszubildendenvertretung ist am Sitz des Gesamtpersonalrats. ⁴Die für die Gesamt-Jugend- und -Auszubildendenvertretung maßgebenden Bestimmungen sind im Übrigen entsprechend anzuwenden.

(4) ¹Beschäftigte im Sinne dieses Gesetzes sind die durch Arbeitsvertrag unbefristet oder auf Zeit angestellten Beschäftigten der Deutschen Welle einschließlich der zu ihrer Berufsausbildung Beschäftigten. ²Als Beschäftigte der Deutschen Welle gelten auch arbeitnehmerähnliche Personen im Sinne des § 12a des Tarifvertragsgesetzes; für sie gilt dieses Gesetz entsprechend. ³Beschäftigte im Sinne dieses Gesetzes sind nicht:
1. die Intendantin oder der Intendant, die Direktorinnen und Direktoren sowie die Justitiarin oder der Justitiar,
2. arbeitnehmerähnliche Personen im Sinne des § 12a des Tarifvertragsgesetzes, die maßgeblich an der Programmgestaltung beteiligt sind,
3. sonstige freie Mitarbeiterinnen und Mitarbeiter sowie Personen, die auf Produktionsdauer beschäftigt sind.

⁴Beschäftigte, die in einer Einrichtung der Deutschen Welle im Ausland eingesetzt sind, sowie Volontärinnen und Volontäre sind nicht wählbar.

(5) § 46 Absatz 2 Satz 1 ist mit der Maßgabe anzuwenden, dass an die Stelle des Bundesreisekostengesetzes die Reisekostenordnung der Deutschen Welle tritt.

(6) ¹Bei Beschäftigten, deren Vergütung sich nach der Vergütungsgruppe I des Vergütungstarifvertrags der Deutschen Welle bemisst oder deren Vergütung über der höchsten Vergütungsgruppe liegt, wird der Personalrat in den Fällen des § 78 Absatz 1 nicht beteiligt. ²Bei im Programmbereich Beschäftigten der Vergütungsgruppe II des Vergütungstarifvertrags der Deutschen Welle tritt in Fällen des § 78 Absatz 1 an die Stelle der Mitbestimmung des Personalrats die Mitwirkung. ³Bei Beschäftigten mit überwiegend wissenschaftlicher oder künstlerischer Tätigkeit sowie bei Beschäftigten, die maßgeblich an der Programmgestaltung beteiligt sind, bestimmt der Personalrat in den Fällen des § 78 Absatz 1 nur mit, wenn sie dies beantragen; § 75 Absatz 3 gilt entsprechend.

§ 117 Geschäftsbereich des Bundesministeriums der Verteidigung

(1) Dieses Gesetz gilt für die bei militärischen Dienststellen und Einrichtungen der Bundeswehr beschäftigten Beamtinnen und Beamten sowie Arbeitnehmerinnen und Arbeitnehmern.

(2) § 64 Absatz 2 des Soldatinnen- und Soldatenbeteiligungsgesetzes gilt entsprechend.

(3) [1]§ 78 Absatz 1 Nummer 14 gilt entsprechend bei der Bestellung von Soldatinnen und Soldaten zu Vertrauens- oder Betriebsärztinnen und -ärzten. [2]Hierbei ist nach § 40 Absatz 1 zu verfahren.

(4) § 84 Absatz 1 Nummer 2 findet bei der Auflösung, Einschränkung, Verlegung, Zusammenlegung, Aufspaltung oder Ausgliederung von militärischen Dienststellen und Einrichtungen oder wesentlichen Teilen von ihnen keine Anwendung, soweit militärische Gründe entgegenstehen.

(5) § 92 Absatz 4 ist mit den Maßgaben anzuwenden, dass
1. bei personellen oder sozialen Maßnahmen, die von einer Dienststelle, bei der keine für eine Beteiligung an diesen Maßnahmen zuständige Personalvertretung vorgesehen ist, mit Wirkung für einzelne Beschäftigte einer ihr nicht nachgeordneten Dienststelle getroffen werden, der Personalrat dieser Dienststelle von deren Leiterin oder Leiter zu beteiligen ist, nachdem zuvor ein Einvernehmen zwischen den Dienststellen über die beabsichtigte Maßnahme hergestellt worden ist;
2. bei innerdienstlichen oder sozialen Angelegenheiten, die Liegenschaften eines Dienstortes betreffen, die Beteiligung durch einen Ausschuss ausgeübt wird, der bei der für die Entscheidung zuständigen Stelle eingerichtet ist, sofern ein solcher gebildet worden ist und das gesetzlich zuständige Beteiligungsgremium zugestimmt hat. Die Aufgaben und Befugnisse der Leiterin oder des Leiters der Dienststelle werden in diesen Fällen durch die für die Entscheidung zuständige Stelle wahrgenommen. Kommt im Beteiligungsverfahren eine Einigung nicht zustande, richtet sich das weitere Verfahren nach den §§ 71 bis 75 oder nach § 82.

Abschnitt 2
Dienststellen des Bundes im Ausland

§ 118 Grundsatz
Für die Dienststellen des Bundes im Ausland gilt dieses Gesetz, soweit im Folgenden nichts anderes bestimmt ist.

§ 119 Allgemeine Regelungen
(1) Arbeitstage sind diejenigen Wochentage, die gemäß der für die Dienststelle geltenden Arbeitszeitregelung als Arbeitstage vorgesehen sind, mit Ausnahme der Tage, die nach der für die Dienststelle geltenden Feiertagsregelung für die Beschäftigten Feiertage sind.

(2) Nicht entsandte Beschäftigte (lokal Beschäftigte) gelten nicht als Beschäftigte im Sinne des § 4 Absatz 1 Nummer 5.

(3) Die Beschäftigten sind nicht in eine Stufenvertretung oder einen Gesamtpersonalrat bei einer Dienststelle im Inland wählbar.

(4) Für Streitigkeiten nach § 108, die eine Dienststelle des Bundes im Ausland betreffen, ist das Verwaltungsgericht zuständig, in dessen Bezirk die oberste Dienstbehörde ihren Sitz hat.

§ 120 Vertrauensperson der lokal Beschäftigten
(1) ¹In Dienststellen, in denen in der Regel mindestens fünf lokal Beschäftigte beschäftigt sind, wählen diese eine Vertrauensperson der lokal Beschäftigten und höchstens drei Stellvertreterinnen oder Stellvertreter. ²In Nebenstellen, in denen in der Regel mindestens fünf lokal Beschäftigte beschäftigt sind, können diese zusätzlich eine Vertrauensperson der lokal Beschäftigten der Nebenstelle und eine Stellvertreterin oder einen Stellvertreter wählen. ³Die Vertrauensperson der lokal Beschäftigten der Nebenstelle arbeitet vertrauensvoll mit der Vertrauensperson der lokal Beschäftigten der Dienststelle zusammen. ⁴Gegenüber der Leiterin oder dem Leiter der Dienststelle vertritt die Vertrauensperson der lokal Beschäftigten der Dienststelle auch die Interessen der lokal Beschäftigten der Nebenstelle.

(2) ¹Gewählt werden die Vertrauensperson der lokal Beschäftigten und ihre Stellvertreterinnen oder Stellvertreter durch Handaufheben; widerspricht eine Wahlberechtigte oder ein Wahlberechtigter diesem Verfahren oder ordnet der Wahlvorstand für die Wahl zur Vertrauens-

person der lokal Beschäftigten geheime Wahl an, so wird eine geheime Wahl vorgenommen. ²§ 25 Absatz 1 Satz 1 und 2 und § 25 Absatz 2 gilt entsprechend. ³Die Amtszeit der Vertrauensperson der lokal Beschäftigten und ihrer Stellvertreterinnen oder Stellvertreter beträgt vier Jahre; im Übrigen gilt § 31 Absatz 1 entsprechend. ⁴§ 33 gilt mit der Maßgabe entsprechend, dass eine Neuwahl stattfindet, wenn nach Eintreten der Stellvertreterinnen oder Stellvertreter keine Vertrauensperson der lokal Beschäftigten mehr vorhanden ist.

(3) ¹Der Personalrat und die Vertrauensperson der lokal Beschäftigten arbeiten vertrauensvoll zusammen. ²Die Vertrauensperson der lokal Beschäftigten nimmt Anregungen, Anträge und Beschwerden der lokal Beschäftigten in innerdienstlichen, sozialen und persönlichen Angelegenheiten entgegen und vertritt sie gegenüber der Leiterin oder dem Leiter der Dienststelle und dem Personalrat. ³Vor der Beschlussfassung in Angelegenheiten, die die besonderen Interessen der lokal Beschäftigten wesentlich berühren, hat der Personalrat der Vertrauensperson der lokal Beschäftigten Gelegenheit zur Äußerung zu geben. ⁴Die Vertrauensperson der lokal Beschäftigten hat in solchen Angelegenheiten das Recht, der Leiterin oder dem Leiter der Dienststelle schriftlich oder elektronisch Vorschläge zu unterbreiten. ⁵Die Leiterin oder der Leiter der Dienststelle hat der Vertrauensperson der lokal Beschäftigten vor Entscheidungen in Personalangelegenheiten und sozialen Angelegenheiten der Beschäftigten, die die Interessen von einzelnen oder von allen lokal Beschäftigten wesentlich berühren, Gelegenheit zur Äußerung zu geben. ⁶Gelegenheit zur Äußerung ist insbesondere zu geben vor der Einstellung und Kündigung lokal Beschäftigter sowie vor dem Erlass allgemeiner Verwaltungsanordnungen, bezüglich derer der Personalrat ein Beteiligungsrecht nach diesem Gesetz hat.

(4) ¹Für die Vertrauensperson der lokal Beschäftigten gelten § 2 Absatz 5, die §§ 45 bis 51, § 52 Absatz 1 Satz 1, § 59 Absatz 2 sowie § 65 entsprechend. ²Der Personalrat und die Vertrauensperson der lokal Beschäftigten können vereinbaren, dass
1. Besprechungen im Sinne des § 65 durch Personalrat und die Vertrauensperson der lokal Beschäftigten gemeinsam wahrgenommen werden,
2. eine gemeinsame Personalversammlung der lokal Beschäftigten und

der Beschäftigten im Sinne des § 4 Absatz 1 Nummer 5 einberufen wird. ³§ 61 Absatz 2 findet im Hinblick auf die lokal Beschäftigten keine Anwendung.
⁴Die Leiterin oder der Leiter der Dienststelle kann der gemeinsamen Wahrnehmung oder Einberufung einer gemeinsamen Personalversammlung widersprechen, wenn dienstliche Interessen der Bundesrepublik Deutschland entgegenstehen.

§ 121 Ergänzende Regelungen für die Dienststellen im Geschäftsbereich des Auswärtigen Amts mit Ausnahme der Dienststellen des Deutschen Archäologischen Instituts

(1) Die Leiterin oder der Leiter der Dienststelle kann sich bei Verhinderung mit der Zustimmung der Leiterin oder des Leiters der Verwaltung durch diese oder diesen vertreten lassen.

(2) Dienststellen, bei denen die Voraussetzungen des § 13 Absatz 1 nicht gegeben sind, gelten als der Botschaft im jeweiligen Empfangsstaat zugeordnet, soweit keine anderweitige Zuordnung gemäß § 13 Absatz 2 erfolgt ist.

(3) ¹Die nach § 14 wahlberechtigten Beschäftigten sind außer zur Wahl des Personalrats ihrer Dienststelle auch zur Wahl des Personalrats des Auswärtigen Amts wahlberechtigt. ²Zur Wahl des Hauptpersonalrats des Auswärtigen Amts sind sie nicht wahlberechtigt. ³Sofern sie in den Auswärtigen Dienst nicht nur zeitlich befristet entsprechend § 13 Absatz 1 des Gesetzes über den Auswärtigen Dienst übernommen worden sind, sind sie auch zum Personalrat des Auswärtigen Amts wählbar, für die Dauer ihres dienstlichen Einsatzes außerhalb des Auswärtigen Amts jedoch im Sinne des § 33 Absatz 1 Satz 2 zeitweilig verhindert. ⁴Aus einer Wahl in den Personalrat des Auswärtigen Amts folgt kein Anspruch auf eine Versetzung, Umsetzung oder Abordnung.

(4) ¹Die regelmäßigen Personalratswahlen zu den örtlichen Personalräten finden alle vier Jahre in der Zeit vom 1. Oktober bis zum 31. Dezember statt. ²Abweichend von § 27 Absatz 2 beginnt die Amtszeit der Personalräte am 1. Januar des auf das Jahr der regelmäßigen Personalratswahlen folgenden Jahres und endet mit dem Ablauf von vier Jahren. ³Ist am Tag des Ablaufs der Amtszeit ein neuer Personalrat nicht gewählt oder hat sich am Tag des Ablaufs der Amtszeit noch kein neuer Perso-

nalrat konstituiert, führt der Personalrat die Geschäfte weiter, bis sich der neu gewählte Personalrat konstituiert hat, längstens jedoch bis zum Ablauf des letzten Tags des Monats Februar des auf das Jahr der regelmäßigen Personalratswahlen folgenden Jahres.

(5) § 55 Absatz 2 gilt nicht für die nach Absatz 3 Satz 1 zur Wahl des Personalrats des Auswärtigen Amts wahlberechtigten Beschäftigten.

(6) Soweit eine Stufenvertretung zuständig wäre, ist an ihrer Stelle der Personalrat des Auswärtigen Amts zu beteiligen.

§ 122 Ergänzende Regelungen für die Dienststellen des Deutschen Archäologischen Instituts

(1) Die Verwaltungsstellen des Deutschen Archäologischen Instituts im Ausland sind Dienststellen, sofern es sich nicht lediglich um Nebenstellen oder Teile anderer im Ausland belegener Dienststellen handelt.

(2) Die nach § 14 wahlberechtigten Beschäftigten sind außer zur Wahl des Personalrats ihrer Dienststelle auch zur Wahl des Gesamtpersonalrats des Deutschen Archäologischen Instituts wahlberechtigt, jedoch nicht wählbar.

(3) [1]Soweit eine Stufenvertretung zuständig wäre, ist an ihrer Stelle der Gesamtpersonalrat des Deutschen Archäologischen Instituts zu beteiligen. [2]Die weitergehende Zuständigkeit des Hauptpersonalrats des Auswärtigen Amts wird hiervon nicht berührt.

§ 123 Ergänzende Regelungen für die Dienststellen des Bundesnachrichtendienstes

Auf die Dienststellen des Bundesnachrichtendienstes im Ausland findet § 119 Absatz 4 keine Anwendung.

§ 124 Ergänzende Regelungen für die Dienststellen im Geschäftsbereich des Bundesministeriums der Verteidigung

§ 55 Absatz 2 gilt für Mitglieder von Personalräten im Geschäftsbereich des Bundesministeriums der Verteidigung im Ausland nur für die Dauer einer regelmäßigen Amtszeit in dem durch § 27 festgelegten Umfang.

Abschnitt 3
Behandlung von Verschlusssachen

§ 125 Ausschuss für Verschlusssachen und Verfahren

(1) ¹Soweit eine Angelegenheit, an der eine Personalvertretung zu beteiligen ist, als Verschlusssache mindestens des Geheimhaltungsgrades »VS-VERTRAULICH« eingestuft ist, tritt an die Stelle der Personalvertretung ein Ausschuss. ²Dem Ausschuss gehört höchstens je eine in entsprechender Anwendung des § 34 Absatz 1 gewählte Vertreterin oder ein in entsprechender Anwendung des § 34 Absatz 1 gewählter Vertreter der im Personalrat vertretenen Gruppen an. ³Die Mitglieder des Ausschusses müssen ermächtigt sein, Kenntnis von Verschlusssachen des in Betracht kommenden Geheimhaltungsgrades zu erhalten. ⁴Personalvertretungen bei Dienststellen, die Behörden der Mittelstufe nachgeordnet sind, bilden keinen Ausschuss; an ihre Stelle tritt der Ausschuss des Bezirkspersonalrats.

(2) Wird der zuständige Ausschuss nicht rechtzeitig gebildet, ist der Ausschuss der bei der Dienststelle bestehenden Stufenvertretung oder, wenn dieser nicht rechtzeitig gebildet wird, der Ausschuss der bei der obersten Dienstbehörde bestehenden Stufenvertretung zu beteiligen.

(3) ¹Die Einigungsstelle besteht in den in Absatz 1 Satz 1 bezeichneten Fällen abweichend von § 73 Absatz 2 aus je einer Beisitzerin oder einem Beisitzer, die oder der von der obersten Dienstbehörde und der bei ihr bestehenden zuständigen Personalvertretung bestellt wird, und einer oder einem unparteiischen Vorsitzenden. ²Die oder der Vorsitzende sowie die Beisitzerinnen und Beisitzer müssen nach den dafür geltenden Bestimmungen ermächtigt sein, von Verschlusssachen des in Betracht kommenden Geheimhaltungsgrades Kenntnis zu erhalten.

(4) ¹§ 37 Absatz 1, § 92 Absatz 2 und die Vorschriften über die Beteiligung der Gewerkschaften und Arbeitgebervereinigungen in § 37 Absatz 2 und § 42 Absatz 1 sind nicht anzuwenden. ²Angelegenheiten, die als Verschlusssachen mindestens des Geheimhaltungsgrades »VS-VERTRAULICH« eingestuft sind, werden in der Personalversammlung nicht behandelt.

(5) ¹Die oberste Dienstbehörde kann anordnen, dass in den Fällen des Absatzes 1 Satz 1 dem Ausschuss und der Einigungsstelle Unterla-

gen nicht vorgelegt und Auskünfte nicht erteilt werden dürfen, soweit dies zur Vermeidung von Nachteilen für das Wohl der Bundesrepublik Deutschland oder eines ihrer Länder oder auf Grund internationaler Verpflichtungen geboten ist. ²Im Verfahren nach § 108 sind die gesetzlichen Voraussetzungen für die Anordnung glaubhaft zu machen.

Teil 2
Für die Länder geltende Vorschriften

§ 126 Anwendungsbereich
Dieser Teil gilt für die Personalvertretungen in den Ländern.

§ 127 Besonderer Schutz von Funktionsträgern
(1) ¹Die außerordentliche Kündigung von Mitgliedern der Personalvertretungen, der Jugendvertretungen oder der Jugend- und Auszubildendenvertretungen, der Wahlvorstände sowie von Wahlbewerberinnen und Wahlbewerbern, die in einem Arbeitsverhältnis stehen, bedarf der Zustimmung der zuständigen Personalvertretung. ²Verweigert die zuständige Personalvertretung ihre Zustimmung oder äußert sie sich nicht innerhalb von drei Arbeitstagen nach Eingang des Antrags, so kann das Verwaltungsgericht sie auf Antrag der Leiterin oder des Leiters der Dienststelle ersetzen, wenn die außerordentliche Kündigung unter Berücksichtigung aller Umstände gerechtfertigt ist. ³In dem Verfahren vor dem Verwaltungsgericht ist die betroffene Person Beteiligte.

(2) Auf Auszubildende, die Mitglied einer Personalvertretung oder einer Jugend- und Auszubildendenvertretung sind, ist § 56 anzuwenden.

§ 128 Beteiligung bei Kündigungen
Eine durch den Arbeitgeber ausgesprochene Kündigung des Arbeitsverhältnisses einer oder eines Beschäftigten ist unwirksam, wenn die Personalvertretung nicht beteiligt worden ist.

Teil 3
Schlussvorschriften

§ 129 Verordnungsermächtigung
Die Bundesregierung wird ermächtigt, zur Durchführung der in diesem Gesetz bezeichneten Wahlen durch Rechtsverordnung, die nicht der Zustimmung des Bundesrates bedarf, Vorschriften zu erlassen über
1. die Vorbereitung der Wahl, insbesondere die Aufstellung der Wählerlisten und die Errechnung der Vertreterzahl,
2. die Frist für die Einsichtnahme in die Wählerlisten und die Erhebung von Einsprüchen,
3. die Vorschlagslisten und die Frist für ihre Einreichung,
4. das Wahlausschreiben und die Fristen für seine Bekanntmachung,
5. die Stimmabgabe,
6. die Feststellung des Wahlergebnisses und die Fristen für seine Bekanntmachung,
7. die Aufbewahrung der Wahlakten.

§ 130 Übergangsregelung für bestehende Jugend- und Auszubildendenvertretungen und Personalvertretungen
(1) ¹§ 102 Absatz 2 Satz 2 findet erstmalig Anwendung auf die regelmäßigen Wahlen der Jugend- und Auszubildendenvertretung im Jahr 2022. ²Die am 15. Juni 2021 bestehenden Jugend- und Auszubildendenvertretungen führen die Geschäfte weiter, bis sich die neu gewählten Jugend- und Auszubildendenvertretungen konstituiert haben, längstens jedoch bis zum Ablauf des in § 102 Absatz 2 Satz 3 in Verbindung mit § 27 Absatz 2 Satz 2 bestimmten Zeitpunkts.

(2) ¹§ 27 Absatz 2 Satz 1 und § 121 Absatz 4 Satz 2 finden erstmalig Anwendung auf die regelmäßigen Personalratswahlen im Jahr 2024. ²Die am 15. Juni 2021 bestehenden Personalvertretungen führen die Geschäfte weiter, bis sich die neu gewählten Personalvertretungen konstituiert haben, längstens jedoch bis zum Ablauf des in § 27 Absatz 2 Satz 2 und § 121 Absatz 4 Satz 3 bestimmten Zeitpunkts.

(3) § 52 Absatz 3 Satz 3 und § 53 Absatz 2 Satz 2 finden auf am 15. Juni 2021 bestehende Freistellungen keine Anwendung.

§ 131 Übergangsregelung für die Personalvertretungen in den Ländern

Die §§ 90, 94 bis 107 Satz 1 und § 109 des Bundespersonalvertretungsgesetzes vom 15. März 1974 (BGBl. I S. 693), das zuletzt durch Artikel 2 des Gesetzes vom 25. Mai 2020 (BGBl. I S. 1063) geändert worden ist, sind bis zum Ablauf des 31. Dezember 2024 weiter anzuwenden.

Wahlordnung zum Bundespersonalvertretungsgesetz (BPersVWO)

vom 1. Dezember 1994 (BGBl. I S. 3653), zuletzt geändert durch Artikel 23 des Gesetzes vom 9. Juni 2021 (BGBl. I S. 1614) geändert

Inhaltsübersicht

Erster Teil
Wahl des Personalrates

Erster Abschnitt
Gemeinsame Vorschriften über Vorbereitung und Durchführung der Wahl

§ 1	Wahlvorstand, Wahlhelfer	87
§ 2	Feststellung der Beschäftigtenzahl, Wählerverzeichnis	87
§ 3	Einsprüche gegen das Wählerverzeichnis	88
§ 4	Vorabstimmungen	88
§ 5	Ermittlung der Zahl der zu wählenden Personalratsmitglieder, Verteilung der Sitze auf die Gruppen	89
§ 6	Wahlausschreiben	90
§ 7	Wahlvorschläge, Einreichungsfrist	91
§ 8	Inhalt der Wahlvorschläge	91
§ 9	Sonstige Erfordernisse	93
§ 10	Behandlung der Wahlvorschläge durch den Wahlvorstand, ungültige Wahlvorschläge	93
§ 11	Nachfrist für die Einreichung von Wahlvorschlägen	94
§ 12	Bezeichnung der Wahlvorschläge	95
§ 13	Bekanntmachung der Wahlvorschläge	95
§ 14	Sitzungsniederschrift	95
§ 15	Ausübung des Wahlrechts, Stimmzettel, ungültige Stimmabgabe	96
§ 16	Wahlhandlung	96

§ 17	Schriftliche Stimmabgabe	98
§ 18	Behandlung der schriftlich abgegebenen Stimmen	99
§ 19	Stimmabgabe bei Nebenstellen und Teilen von Dienststellen	99
§ 20	Feststellung des Wahlergebnisses	99
§ 21	Wahlniederschrift	100
§ 22	Benachrichtigung der gewählten Bewerber	100
§ 23	Bekanntmachung des Wahlergebnisses	100
§ 24	Aufbewahrung der Wahlunterlagen	101

Zweiter Abschnitt
Besondere Vorschriften für die Wahl mehrerer Personalratsmitglieder oder Gruppenvertreter

Erster Unterabschnitt
Wahlverfahren bei Vorliegen mehrerer Wahlvorschläge (Verhältniswahl)

§ 25	Voraussetzungen für Verhältniswahl, Stimmzettel, Stimmabgabe	101
§ 26	Ermittlung der gewählten Gruppenvertreter bei Gruppenwahl	102
§ 27	Ermittlung der gewählten Gruppenvertreter bei gemeinsamer Wahl	102

Zweiter Unterabschnitt
Wahlverfahren bei Vorliegen eines Wahlvorschlages (Personenwahl)

| § 28 | Voraussetzungen für Personenwahl, Stimmzettel, Stimmabgabe | 103 |
| § 29 | Ermittlung der gewählten Bewerber | 103 |

Dritter Abschnitt
Besondere Vorschriften für die Wahl eines Personalratsmitgliedes oder eines Gruppenvertreters (Personenwahl)

§ 30 Voraussetzungen für Personenwahl, Stimmzettel, Stimmabgabe, Wahlergebnis 103

Vierter Abschnitt Wahl der Vertreter der nichtständig Beschäftigten

§ 31 *(weggefallen)* 104

Zweiter Teil
Wahl des Bezirkspersonalrates

§ 32 Entsprechende Anwendungen der Vorschriften über die Wahl des Personalrates 105
§ 33 Leitung der Wahl 105
§ 34 Feststellung der Beschäftigtenzahl, Wählerverzeichnis ... 105
§ 35 Ermittlung der Zahl der zu wählenden Bezirkspersonalratsmitglieder, Verteilung der Sitze auf die Gruppen 105
§ 36 Gleichzeitige Wahl 106
§ 37 Wahlausschreiben 106
§ 38 Bekanntmachungen des Bezirkswahlvorstandes 107
§ 39 Sitzungsniederschriften 107
§ 40 Stimmabgabe, Stimmzettel 107
§ 41 Feststellung und Bekanntmachung des Wahlergebnisses . 108

Dritter Teil
Wahl des Hauptpersonalrates

§ 42 Entsprechende Anwendung der Vorschriften über die Wahl des Bezirkspersonalrates 109
§ 43 Leitung der Wahl 109
§ 44 Durchführung der Wahl nach Bezirken 109

Vierter Teil
Wahl des Gesamtpersonalrates

§ 45	Entsprechende Anwendung der Vorschriften über die Wahl des Personalrates	110

Fünfter Teil
Wahl der Jugend- und Auszubildendenvertreter

§ 46	Vorbereitung und Durchführung der Wahl der Jugend- und Auszubildendenvertretung	111
§ 47	Wahl der Jugend- und Auszubildendenstufenvertretungen	111

Sechster Teil
Besondere Verwaltungszweige

§ 48	*(weggefallen)*	113
§ 49	Personalvertretungen im Bundesnachrichtendienst	113
§ 49a	–	113
§ 50	Wahl einer Personalvertretung im Inland durch Beschäftigte in Dienststellen des Bundes im Ausland	113
§ 51	Vertrauensperson der lokal Beschäftigten (§ 120 des Gesetzes)	114

Siebter Teil
Schlußvorschriften

§ 52	Berechnung von Fristen	115
§ 53	Übergangsregelung	115
§ 54	Inkrafttreten	115

Erster Teil
Wahl des Personalrates

Erster Abschnitt
Gemeinsame Vorschriften über Vorbereitung und Durchführung der Wahl

§ 1 Wahlvorstand, Wahlhelfer

(1) [1]Der Wahlvorstand führt die Wahl des Personalrates durch. [2]Er kann wahlberechtigte Beschäftigte seiner Dienststelle als Wahlhelfer zu seiner Unterstützung bei der Durchführung der Stimmabgabe und bei der Stimmenzählung bestellen. [3]§ 25 Absatz 2 Satz 2 und 3 des Gesetzes gilt auch für die Tätigkeit der Wahlhelfer.

(2) [1]Die Dienststelle hat den Wahlvorstand bei der Erfüllung seiner Aufgaben zu unterstützen, insbesondere die notwendigen Unterlagen zur Verfügung zu stellen und, wenn erforderlich, zu ergänzen sowie die erforderlichen Auskünfte zu erteilen. [2]Für die Vorbereitung und Durchführung der Wahl hat die Dienststelle in erforderlichem Umfang Räume, den Geschäftsbedarf und Schreibkräfte zur Verfügung stellen.

(3) Der Wahlvorstand gibt die Namen seiner Mitglieder und gegebenenfalls der Ersatzmitglieder unverzüglich nach seiner Bestellung, Wahl oder Einsetzung in der Dienststelle durch Aushang bis zum Abschluß der Stimmabgabe bekannt.

(4) Der Wahlvorstand faßt seine Beschlüsse mit einfacher Stimmenmehrheit seiner Mitglieder.

(5) Der Wahlvorstand soll dafür sorgen, daß ausländische Beschäftigte rechtzeitig über das Wahlverfahren, die Aufstellung des Wählerverzeichnisses und der Vorschlagslisten, den Wahlvorgang und die Stimmabgabe in geeigneter Weise, wenn nötig, in ihrer Muttersprache, unterrichtet werden.

§ 2 Feststellung der Beschäftigtenzahl, Wählerverzeichnis

(1) [1]Der Wahlvorstand stellt die Zahl der in der Regel Beschäftigten und ihre Verteilung auf die Gruppen fest. [2]Übersteigt diese Zahl 50 nicht, stellt der Wahlvorstand außerdem die Zahl der nach § 14 des Gesetzes Wahlberechtigten fest.

(2) ¹Der Wahlvorstand stellt ein nach Gruppen getrenntes Verzeichnis der wahlberechtigten Beschäftigten (Wählerverzeichnis) auf. ²Innerhalb der Gruppen sind die Anteile der Geschlechter festzustellen.

(3) Das Wählerverzeichnis oder eine Abschrift ist unverzüglich nach Einleitung der Wahl bis zum Abschluß der Stimmabgabe an geeigneter Stelle zur Einsicht auszulegen.

§ 3 Einsprüche gegen das Wählerverzeichnis

(1) Jeder Beschäftigte kann beim Wahlvorstand schriftlich binnen sechs Arbeitstagen seit Auslegung des Wählerverzeichnisses (§ 2 Abs. 3) Einspruch gegen seine Richtigkeit einlegen.

(2) ¹Über den Einspruch entscheidet der Wahlvorstand unverzüglich. ²Die Entscheidung ist dem Beschäftigten, der den Einspruch eingelegt hat, unverzüglich, spätestens jedoch einen Arbeitstag vor Beginn der Stimmabgabe, schriftlich mitzuteilen. ³Ist der Einspruch begründet, so hat der Wahlvorstand das Wählerverzeichnis zu berichtigen.

(3) ¹Nach Ablauf der Einspruchsfrist soll der Wahlvorstand das Wählerverzeichnis nochmals auf seine Vollständigkeit prüfen. ²Danach ist das Wählerverzeichnis nur bei Schreibfehlern, offenbaren Unrichtigkeiten, zur Erledigung rechtzeitig eingelegter Einsprüche, bei Eintritt oder Ausscheiden eines Beschäftigten und bei Änderung der Gruppenzugehörigkeit bis zum Abschluß der Stimmabgabe zu berichtigen oder zu ergänzen.

§ 4 Vorabstimmungen

(1) ¹Vorabstimmungen über
1. eine von § 17 Absatz 1 bis 5 des Gesetzes abweichende Verteilung der Mitglieder des Personalrates auf die Gruppen (§ 17 Absatz 6 des Gesetzes) oder
2. die Durchführung gemeinsamer Wahl (§ 19 Abs. 2 des Gesetzes) oder
3. die Geltung von Nebenstellen oder Teilen einer Dienststelle als selbständige Dienststelle (§ 7 des Gesetzes)

werden nur berücksichtigt, wenn ihr Ergebnis dem Wahlvorstand binnen sechs Arbeitstagen seit der Bekanntgabe nach § 1 Abs. 3 vorliegt und dem Wahlvorstand glaubhaft gemacht wird, daß das Ergebnis unter Leitung eines aus mindestens drei wahlberechtigten Beschäftigten bestehenden Abstimmungsvorstandes in geheimen und in den Fällen der Nummern 1 und 2 nach Gruppen getrennten Abstimmungen zustande gekommen ist. ²Dem Abstimmungsvorstand muß ein Mitglied jeder in der Dienststelle, in den Fällen des Satzes 1 Nr. 3 der Nebenstelle oder des Teils der Dienststelle, vertretenen Gruppe angehören.

(2) Der Wahlvorstand hat in der Bekanntgabe nach § 1 Abs. 3 auf die in Absatz 1 bezeichneten Fristen hinzuweisen.

§ 5 Ermittlung der Zahl der zu wählenden Personalratsmitglieder, Verteilung der Sitze auf die Gruppen

(1) ¹Der Wahlvorstand ermittelt die Zahl der zu wählenden Mitglieder des Personalrates (§§ 16 und 17 Abs. 4 des Gesetzes). ²Ist eine von § 17 Absatz 1 bis 5 des Gesetzes abweichende Verteilung der Mitglieder des Personalrates auf die Gruppen (§ 17 Absatz 6 des Gesetzes) nicht beschlossen worden, so errechnet der Wahlvorstand die Verteilung der Personalratssitze auf die Gruppen nach dem Höchstzahlverfahren (Absätze 2 und 3).

(2) ¹Die Zahlen der der Dienststelle angehörenden Beschäftigten der einzelnen Gruppen (§ 2 Abs. 1) werden nebeneinandergestellt und der Reihe nach durch 1, 2, 3 usw. geteilt. ²Auf die jeweils höchste Teilzahl (Höchstzahl) wird so lange ein Sitz zugeteilt, bis alle Personalratssitze (§§ 16 und 17 Abs. 4 des Gesetzes) verteilt sind. ³Jede Gruppe erhält soviel Sitze, wie Höchstzahlen auf sie entfallen. ⁴Ist bei gleichen Höchstzahlen nur noch ein Sitz oder sind bei drei gleichen Höchstzahlen nur noch zwei Sitze zu verteilen, so entscheidet das Los.

(3) ¹Entfallen bei der Verteilung der Sitze nach Absatz 2 auf eine Gruppe weniger Sitze, als ihr nach § 17 Abs. 3 des Gesetzes mindestens zustehen, so erhält sie die in § 17 Abs. 3 des Gesetzes vorgeschriebene Zahl von Sitzen. ²Die Zahl der Sitze der übrigen Gruppen vermindert sich entsprechend. ³Dabei werden die jeweils zuletzt zugeteilten Sitze zuerst gekürzt. ⁴Ist bei gleichen Höchstzahlen nur noch ein Sitz zu kürzen, entscheidet das Los, welche Gruppe den Sitz abzugeben hat. ⁵Sitze, die einer Gruppe nach den Vorschriften des Gesetzes mindestens zustehen, können ihr nicht entzogen werden.

(4) Haben in einer Dienststelle alle Gruppen die gleiche Anzahl von Angehörigen, so erübrigt sich die Errechnung der Sitze nach dem Höchst-

zahlverfahren; in diesen Fällen entscheidet das Los, wem die höhere Zahl von Sitzen zufällt.

§ 6 Wahlausschreiben

(1) ¹Nach Ablauf der in § 4 bestimmten Frist und spätestens sechs Wochen vor dem letzten Tag der Stimmabgabe erläßt der Wahlvorstand ein Wahlausschreiben. ²Es ist von sämtlichen Mitgliedern des Wahlvorstandes zu unterschreiben.

(2) Das Wahlausschreiben muß enthalten
1. Ort und Tag seines Erlasses,
2. die Zahl der zu wählenden Mitglieder des Personalrates, getrennt nach Gruppen,
2a. Angaben über die Anteile der Geschlechter innerhalb der Dienststelle, getrennt nach Gruppen,
3. Angaben darüber, ob die Gruppen ihre Vertreter in getrennten Wahlgängen wählen (Gruppenwahl) oder vor Erlaß des Wahlausschreibens gemeinsame Wahl beschlossen worden ist,
4. die Angabe, wo und wann das Wählerverzeichnis und diese Wahlordnung zur Einsicht ausliegen,
5. den Hinweis, daß nur Beschäftigte wählen können, die in das Wählerverzeichnis eingetragen sind,
5a. den Hinweis, daß die Geschlechter im Personalrat entsprechend dem Zahlenverhältnis vertreten sein sollen,
6. den Hinweis, daß Einsprüche gegen das Wählerverzeichnis nur binnen sechs Arbeitstagen seit seiner Auslegung schriftlich beim Wahlvorstand eingelegt werden können, der letzte Tag der Einspruchsfrist ist anzugeben,
7. die Mindestzahl von wahlberechtigten Beschäftigten, von denen ein Wahlvorschlag unterzeichnet sein muß, und den Hinweis, daß jeder Beschäftigte für die Wahl des Personalrates nur auf einem Wahlvorschlag benannt werden kann,
7a. den Hinweis, daß der Wahlvorschlag einer in der Dienststelle vertretenen Gewerkschaft von zwei Beauftragten unterzeichnet sein muß (§ 20 Absatz 5 des Gesetzes),
8. die Aufforderung, Wahlvorschläge binnen achtzehn Kalendertagen nach dem Erlaß des Wahlausschreibens beim Wahlvorstand einzureichen, der letzte Tag der Einreichungsfrist ist anzugeben,

9. den Hinweis, daß nur fristgerecht eingereichte Wahlvorschläge berücksichtigt werden und daß nur gewählt werden kann, wer in einen solchen Wahlvorschlag aufgenommen ist,
10. den Ort, an dem die Wahlvorschläge bekanntgegeben werden,
11. den Ort und die Zeit der Stimmabgabe,
12. einen Hinweis auf die Möglichkeit der schriftlichen Stimmabgabe, gegebenenfalls auf die Anordnung der schriftlichen Stimmabgabe nach § 19 oder § 19a,
13. den Ort und die Zeit der Stimmenauszählung und der Sitzung des Wahlvorstandes, in der das Wahlergebnis abschließend festgestellt wird,
14. den Ort, an dem Einsprüche, Wahlvorschläge und andere Erklärungen gegenüber dem Wahlvorstand abzugeben sind.

(3) Der Wahlvorstand hat eine Abschrift oder einen Abdruck des Wahlausschreibens vom Tage des Erlasses bis zum Abschluß der Stimmabgabe an einer oder an mehreren geeigneten, den Wahlberechtigten zugänglichen Stellen auszuhängen und in gut lesbarem Zustand zu erhalten.

(4) Offenbare Unrichtigkeiten des Wahlausschreibens können vom Wahlvorstand jederzeit berichtigt werden.

(5) Mit Erlaß des Wahlausschreibens ist die Wahl eingeleitet.

§ 7 Wahlvorschläge, Einreichungsfrist
(1) Zur Wahl des Personalrates können die wahlberechtigten Beschäftigten und die in der Dienststelle vertretenen Gewerkschaften Wahlvorschläge machen.

(2) ¹Die Wahlvorschläge sind binnen achtzehn Kalendertagen nach dem Erlaß des Wahlausschreibens beim Wahlvorstand einzureichen. ²Bei Gruppenwahl sind für die einzelnen Gruppen getrennte Wahlvorschläge einzureichen.

§ 8 Inhalt der Wahlvorschläge
(1) Jeder Wahlvorschlag soll mindestens doppelt soviel Bewerber enthalten, wie
1. bei Gruppenwahl Gruppenvertreter,
2. bei gemeinsamer Wahl Personalratsmitglieder
zu wählen sind.

(2) ¹Die Namen der einzelnen Bewerber sind auf dem Wahlvorschlag untereinander aufzuführen und mit fortlaufenden Nummern zu versehen. ²Außer dem Familiennamen sind der Vorname, das Geburtsdatum, die Amts- oder Funktionsbezeichnung, die Gruppenzugehörigkeit und, soweit Sicherheitsbedürfnisse nicht entgegenstehen, die Beschäftigungsstelle anzugeben. ³Bei gemeinsamer Wahl sind in dem Wahlvorschlag die Bewerber jeweils nach Gruppen zusammenzufassen. ⁴Der Wahlvorschlag darf keine Änderungen enthalten; gegebenenfalls ist ein neuer Wahlvorschlag zu fertigen und zu unterzeichnen.

(3) ¹Jeder Wahlvorschlag der Beschäftigten muß nach § 20 Absatz 1 bis 3 des Gesetzes
1. bei Gruppenwahl von mindestens einem Zwanzigstel der wahlberechtigten Gruppenangehörigen, jedoch mindestens von drei wahlberechtigten Gruppenangehörigen,
2. bei gemeinsamer Wahl von mindestens einem Zwanzigstel der wahlberechtigten Beschäftigten, jedoch mindestens von drei wahlberechtigten Beschäftigten,
3. bei gemeinsamer Wahl, wenn gruppenfremde Bewerber vorgeschlagen werden, von mindestens einem Zehntel der wahlberechtigten Angehörigen der Gruppe, für die sie vorgeschlagen sind,

unterzeichnet sein. ²Bruchteile eines Zehntels oder Zwanzigstels werden auf ein volles Zehntel oder Zwanzigstel aufgerundet. ³In jedem Falle genügen bei Gruppenwahl die Unterschriften von 50 wahlberechtigten Gruppenangehörigen, bei gemeinsamer Wahl die Unterschriften von 50 wahlberechtigten Beschäftigten. ⁴Macht eine in der Dienststelle vertretene Gewerkschaft einen Wahlvorschlag, so muß dieser von zwei in der Dienststelle beschäftigten Beauftragten, die einer der in der Dienststelle vertretenen Gewerkschaften angehören, unterzeichnet sein. ⁵Hat der Wahlvorstand Zweifel, ob eine Beauftragung durch eine in der Dienststelle vertretene Gewerkschaft tatsächlich vorliegt, kann er verlangen, daß die Gewerkschaft den Auftrag bestätigt; dies soll schriftlich erfolgen. ⁶Entsprechendes gilt bei Zweifeln, ob ein Beauftragter einer in der Dienststelle vertretenen Gewerkschaft als Mitglied angehört.

(4) ¹Aus dem Wahlvorschlag der Beschäftigten soll zu ersehen sein, welcher Beschäftigte zur Vertretung des Vorschlages gegenüber dem Wahlvorstand und zur Entgegennahme von Erklärungen und Entscheidungen

des Wahlvorstandes berechtigt ist (Listenvertreter). ²Fehlt eine Angabe hierüber, gilt der Unterzeichner als berechtigt, der an erster Stelle steht. ³In den Fällen des Absatzes 3 Satz 4 kann die Gewerkschaft einen der von ihr beauftragten Vorschlagsberechtigten oder einen anderen in der Dienststelle Beschäftigten, der Mitglied der Gewerkschaft ist, als Listenvertreter benennen.

(5) Der Wahlvorschlag soll mit einem Kennwort versehen werden.

§ 9 Sonstige Erfordernisse

(1) Jeder Bewerber kann für die Wahl des Personalrates nur auf einem Wahlvorschlag vorgeschlagen werden.

(2) Dem Wahlvorschlag ist die schriftliche Zustimmung der in ihm aufgeführten Bewerber zur Aufnahme in den Wahlvorschlag beizufügen; die Zustimmung kann nicht widerrufen werden.

(3) ¹Jeder vorschlagsberechtigte Beschäftigte (§ 8 Abs. 3) kann seine Unterschrift zur Wahl des Personalrates rechtswirksam nur für einen Wahlvorschlag abgeben. ²Jede vorschlagsberechtigte Gewerkschaft kann durch ihre Beauftragten rechtswirksam nur einen Wahlvorschlag für jede Gruppe unterzeichnen lassen.

(4) Eine Verbindung von Wahlvorschlägen ist unzulässig.

§ 10 Behandlung der Wahlvorschläge durch den Wahlvorstand, ungültige Wahlvorschläge

(1) ¹Der Wahlvorstand vermerkt auf den Wahlvorschlägen den Tag und die Uhrzeit des Eingangs. ²Im Falle des Absatzes 5 ist auch der Zeitpunkt des Eingangs des berichtigten Wahlvorschlages zu vermerken.

(2) ¹Wahlvorschläge, die ungültig sind, insbesondere, weil die Bewerber nicht in erkennbarer Reihenfolge aufgeführt sind, weil sie bei der Einreichung nicht die erforderliche Anzahl von Unterschriften aufweisen, weil sie nicht fristgerecht eingereicht worden sind oder weil sie Änderungen enthalten (§ 8 Abs. 2 Satz 4), gibt der Wahlvorstand unverzüglich nach Eingang unter Angabe der Gründe zurück. ²Die Zurückziehung von Unterschriften nach Einreichung des Wahlvorschlages beeinträchtigt dessen Gültigkeit nicht; Absatz 4 bleibt unberührt.

(3) ¹Der Wahlvorstand hat einen Bewerber, der mit seiner schriftlichen Zustimmung auf mehreren Wahlvorschlägen benannt ist, aufzufordern,

binnen drei Arbeitstagen zu erklären, auf welchem Wahlvorschlag er benannt bleiben will. ²Gibt der Bewerber diese Erklärung nicht fristgerecht ab, so wird er von sämtlichen Wahlvorschlägen gestrichen.

(4) ¹Der Wahlvorstand hat einen vorschlagsberechtigten Beschäftigten (§ 8 Abs. 3), der mehrere Wahlvorschläge unterzeichnet hat, schriftlich gegen Empfangsbestätigung, erforderlichenfalls durch eingeschriebenen Brief, aufzufordern, binnen drei Arbeitstagen seit dem Zugang der Aufforderung zu erklären, welche Unterschrift er aufrechterhält. ²Gibt der Beschäftigte diese Erklärung nicht fristgerecht ab, so zählt seine Unterschrift auf keinem Wahlvorschlag. ³Entsprechendes gilt für Wahlvorschläge der Gewerkschaften, die mit § 9 Abs. 3 Satz 2 nicht in Einklang stehen.

(5) ¹Wahlvorschläge, die
1. den Erfordernissen des § 8 Abs. 2 Satz 1 bis 3 nicht entsprechen,
2. ohne die schriftliche Zustimmung der Bewerber eingereicht sind,
3. infolge von Streichungen gemäß Absatz 4 nicht mehr die erforderliche Anzahl von Unterschriften aufweisen,

hat der Wahlvorstand gegen schriftliche Empfangsbestätigung, erforderlichenfalls durch eingeschriebenen Brief, mit der Aufforderung zurückzugeben, die Mängel binnen drei Arbeitstagen seit dem Zugang der Aufforderung zu beseitigen. ²Werden die Mängel nicht fristgerecht beseitigt, sind diese Wahlvorschläge ungültig.

§ 11 Nachfrist für die Einreichung von Wahlvorschlägen

(1) ¹Ist nach Ablauf der Fristen nach § 7 Abs. 2 und § 10 Abs. 5 Satz 1 Nr. 1 und 2 bei Gruppenwahl nicht für jede Gruppe ein gültiger Wahlvorschlag, bei gemeinsamer Wahl überhaupt kein gültiger Wahlvorschlag eingegangen, so gibt der Wahlvorstand dies sofort durch Aushang an den gleichen Stellen, an denen das Wahlausschreiben ausgehängt ist, bekannt. ²Gleichzeitig fordert er zur Einreichung von Wahlvorschlägen innerhalb einer Nachfrist von sechs Arbeitstagen auf.

(2) ¹Im Falle der Gruppenwahl weist der Wahlvorstand in der Bekanntmachung darauf hin, daß eine Gruppe keine Vertreter in den Personalrat wählen kann, wenn auch innerhalb der Nachfrist für sie kein gültiger Wahlvorschlag eingeht. ²Im Falle gemeinsamer Wahl weist der Wahlvorstand darauf hin, daß der Personalrat nicht gewählt werden kann, wenn auch innerhalb der Nachfrist kein gültiger Wahlvorschlag eingeht.

(3) Gehen auch innerhalb der Nachfrist gültige Wahlvorschläge nicht ein, so gibt der Wahlvorstand sofort bekannt
1. bei Gruppenwahl, für welche Gruppe oder für welche Gruppen keine Vertreter gewählt werden können,
2. bei gemeinsamer Wahl, daß diese Wahl nicht stattfinden kann.

§ 12 Bezeichnung der Wahlvorschläge
(1) ¹Nach Ablauf der Fristen nach § 7 Abs. 2, § 10 Abs. 5 und § 11 Abs. 1 ermittelt der Wahlvorstand durch das Los die Reihenfolge der Wahlvorschläge auf dem Stimmzettel. ²Finden Wahlen für Personalvertretungen mehrerer Stufen gleichzeitig statt, ist für Wahlvorschläge mit demselben Kennwort für die Wahlen auf allen Stufen die Losentscheidung auf der obersten Stufe maßgebend. ³Für Wahlvorschläge, die an der Losentscheidung auf der obersten Stufe nicht beteiligt sind, werden die folgenden Plätze auf dem Stimmzettel ausgelost. ⁴Die Listenvertreter (§ 8 Abs. 4) sind zu der Losentscheidung rechtzeitig einzuladen.

(2) ¹Der Wahlvorstand bezeichnet die Wahlvorschläge mit den Familien- und Vornamen der in dem Wahlvorschlag an erster und zweiter Stelle benannten Bewerber, bei gemeinsamer Wahl mit den Familien- und Vornamen der für die Gruppen an erster Stelle benannten Bewerber. ²Bei Wahlvorschlägen, die mit einem Kennwort versehen sind, ist auch das Kennwort anzugeben.

§ 13 Bekanntmachung der Wahlvorschläge
(1) ¹Unverzüglich nach Ablauf der Fristen nach § 7 Abs. 2, § 10 Abs. 5 und § 11 Abs. 1, spätestens jedoch fünf Arbeitstage vor Beginn der Stimmabgabe, gibt der Wahlvorstand die als gültig anerkannten Wahlvorschläge durch Aushang bis zum Abschluß der Stimmabgabe an den gleichen Stellen wie das Wahlausschreiben bekannt. ²Die Stimmzettel sollen in diesem Zeitpunkt vorliegen.

(2) Die Namen der Unterzeichner der Wahlvorschläge werden nicht bekanntgemacht.

§ 14 Sitzungsniederschriften
¹Der Wahlvorstand fertigt über jede Sitzung, in der er einen Beschluß gefaßt hat, eine Niederschrift, die mindestens den Wortlaut des Beschlus-

ses enthält. ²Sie ist von sämtlichen Mitgliedern des Wahlvorstandes zu unterzeichnen.

§ 15 Ausübung des Wahlrechts, Stimmzettel, ungültige Stimmabgabe

(1) Wählen kann nur, wer in das Wählerverzeichnis eingetragen ist.

(2) ¹Das Wahlrecht wird durch Abgabe eines Stimmzettels in einem Wahlumschlag ausgeübt. ²Bei Gruppenwahl müssen die Stimmzettel für jede Gruppe, bei gemeinsamer Wahl alle Stimmzettel dieselbe Größe, Farbe, Beschaffenheit und Beschriftung haben. ³Dasselbe gilt für die Wahlumschläge. ⁴Gehören der Dienststelle ausländische Beschäftigte an, so sind Musterstimmzettel nebst einer Übersetzung in die Muttersprache der Beschäftigten im Wahllokal an gut sichtbarer Stelle auszuhängen.

(3) ¹Ist nach den Grundsätzen der Verhältniswahl zu wählen (§ 25 Abs. 1), so kann die Stimme nur für den gesamten Wahlvorschlag (Vorschlagsliste) abgegeben werden. ²Ist nach den Grundsätzen der Personenwahl zu wählen (§ 28 Abs. 1, § 30 Abs. 1), so wird die Stimme für die zu wählenden einzelnen Bewerber abgegeben.

(4) Ungültig sind Stimmzettel,
1. die nicht in einem Wahlumschlag abgegeben sind,
2. die nicht den Erfordernissen des Absatzes 2 Satz 2 entsprechen,
3. aus denen sich der Wille des Wählers nicht zweifelsfrei ergibt,
4. die ein besonderes Merkmal, einen Zusatz oder einen Vorbehalt enthalten.

(5) Mehrere in einem Wahlumschlag für eine Wahl enthaltene Stimmzettel, die gleich lauten, werden als eine Stimme gezählt.

(6) ¹Hat der Wähler einen Stimmzettel verschrieben, diesen oder seinen Wahlumschlag versehentlich unbrauchbar gemacht, so ist ihm auf Verlangen gegen Rückgabe der unbrauchbaren Wahlunterlagen ein neuer Stimmzettel und gegebenenfalls ein neuer Wahlumschlag auszuhändigen. ²Der Wahlvorstand hat die zurückgegebenen Unterlagen unverzüglich in Gegenwart des Wählers zu vernichten.

§ 16 Wahlhandlung

(1) ¹Der Wahlvorstand trifft Vorkehrungen, daß der Wähler den Stimmzettel im Wahlraum unbeobachtet kennzeichnen und in den Wahlum-

schlag legen kann. ²Für die Aufnahme der Umschläge sind Wahlurnen zu verwenden. ³Vor Beginn der Stimmabgabe sind die Wahlurnen vom Wahlvorstand zu verschließen. ⁴Sie müssen so eingerichtet sein, daß die eingeworfenen Umschläge nicht vor Öffnung der Urne entnommen werden können. ⁵Findet Gruppenwahl statt, so kann die Stimmabgabe nach Gruppen getrennt durchgeführt werden; in jedem Fall sind jedoch getrennte Wahlurnen zu verwenden.

(2) ¹Ein Wähler, der durch körperliches Gebrechen in der Stimmabgabe behindert ist, bestimmt eine Person seines Vertrauens, deren er sich bei der Stimmabgabe bedienen will, und gibt dies dem Wahlvorstand bekannt. ²Die Hilfeleistung hat sich auf die Erfüllung der Wünsche des Wählers zur Stimmabgabe zu beschränken. ³Die Vertrauensperson darf gemeinsam mit dem Wähler die Wahlzelle aufsuchen, soweit das zur Hilfeleistung erforderlich ist. ⁴Die Vertrauensperson ist zur Geheimhaltung der Kenntnisse verpflichtet, die sie bei der Hilfeleistung von der Wahl eines anderen erlangt hat. Wahlbewerber, Mitglieder des Wahlvorstandes und Wahlhelfer dürfen nicht zur Hilfeleistung herangezogen werden.

(3) Solange der Wahlraum zur Stimmabgabe geöffnet ist, müssen mindestens zwei Mitglieder des Wahlvorstandes im Wahlraum anwesend sein; sind Wahlhelfer bestellt (§ 1 Abs. 1), genügt die Anwesenheit eines Mitgliedes des Wahlvorstandes und eines Wahlhelfers.

(4) ¹Vor Einwurf des Wahlumschlages in die Urne ist festzustellen, ob der Wähler im Wählerverzeichnis eingetragen ist. ²Ist dies der Fall, übergibt der Wähler den Umschlag dem mit der Entgegennahme der Wahlumschläge betrauten Mitglied des Wahlvorstandes, das ihn in Gegenwart des Wählers ungeöffnet in die Wahlurne legt. ³Der Wähler kann den Wahlumschlag auch selbst in die Urne legen, wenn das mit der Entgegennahme der Wahlumschläge betraute Mitglied des Wahlvorstandes es gestattet. ⁴Die Stimmabgabe ist im Wählerverzeichnis zu vermerken.

(5) ¹Wird die Wahlhandlung unterbrochen oder wird das Wahlergebnis nicht unmittelbar nach Abschluß der Stimmabgabe festgestellt, so hat der Wahlvorstand für die Zwischenzeit die Wahlurne so zu verschließen und aufzubewahren, daß der Einwurf oder die Entnahme von Stimmzetteln ohne Beschädigung des Verschlusses unmöglich ist. ²Bei Wiedereröffnung der Wahl oder bei Entnahme der Stimmzettel zur Stimmenzäh-

lung hat sich der Wahlvorstand davon zu überzeugen, daß der Verschluß unversehrt ist.

§ 17 Schriftliche Stimmabgabe

(1) ¹Einem wahlberechtigten Beschäftigten, der im Zeitpunkt der Wahl verhindert ist, seine Stimme persönlich abzugeben, hat der Wahlvorstand auf sein Verlangen
1. die Wahlvorschläge,
2. den Stimmzettel und den Wahlumschlag,
3. eine vorgedruckte, vom Wähler abzugebende Erklärung, in der dieser gegenüber dem Wahlvorstand versichert, daß er den Stimmzettel persönlich gekennzeichnet hat oder, soweit unter den Voraussetzungen des § 16 Abs. 2 erforderlich, durch eine Person seines Vertrauens hat kennzeichnen lassen sowie
4. einen größeren Freiumschlag, der die Anschrift des Wahlvorstandes und als Absender den Namen und die Anschrift des Wahlberechtigten sowie den Vermerk »Schriftliche Stimmabgabe« trägt,

auszuhändigen oder zu übersenden. ²Der Wahlvorstand soll dem Wähler ferner ein Merkblatt über die Art und Weise der schriftlichen Stimmabgabe (Absatz 2) aushändigen oder übersenden. ³Auf Antrag ist auch ein Abdruck des Wahlausschreibens auszuhändigen oder zu übersenden. ⁴Der Wahlvorstand hat die Aushändigung oder Übersendung im Wählerverzeichnis zu vermerken.

(2) ¹Der Wähler gibt seine Stimme in der Weise ab, daß er
1. den Stimmzettel unbeobachtet persönlich kennzeichnet und in den Wahlumschlag legt,
2. die vorgedruckte Erklärung unter Angabe des Ortes und des Datums unterschreibt und
3. den Wahlumschlag, in den der Stimmzettel gelegt ist, und die unterschriebene Erklärung (Absatz 1 Satz 1 Nr. 3) in dem Freiumschlag verschließt und diesen so rechtzeitig an den Wahlvorstand absendet oder übergibt, daß er vor Abschluß der Stimmabgabe vorliegt.

²Der Wähler kann, soweit unter den Voraussetzungen des § 16 Abs. 2 erforderlich, die in den Nummern 1 bis 3 bezeichneten Tätigkeiten durch eine Person seines Vertrauens verrichten lassen.

§ 18 Behandlung der schriftlich abgegebenen Stimmen

(1) ¹Unmittelbar vor Abschluß der Stimmabgabe öffnet der Wahlvorstand in öffentlicher Sitzung die bis zu diesem Zeitpunkt eingegangenen Freiumschläge und entnimmt ihnen die Wahlumschläge und die vorgedruckten Erklärungen (§ 17 Abs. 1 Satz 1 Nr. 3). ²Ist die schriftliche Stimmabgabe ordnungsgemäß erfolgt (§ 17 Abs. 2), so legt der Wahlvorstand den Wahlumschlag nach Vermerk der Stimmabgabe im Wählerverzeichnis ungeöffnet in die Wahlurne.

(2) ¹Verspätet eingehende Briefumschläge hat der Wahlvorstand mit einem Vermerk über den Zeitpunkt des Eingangs ungeöffnet zu den Wahlunterlagen zu nehmen. ²Die Briefumschläge sind einen Monat nach Bekanntgabe des Wahlergebnisses ungeöffnet zu vernichten, wenn die Wahl nicht angefochten worden ist.

§ 19 Stimmabgabe bei Nebenstellen und Teilen von Dienststellen
¹Für die Beschäftigten von
1. nachgeordneten Stellen einer Dienststelle, die nicht nach § 6 Absatz 1 Satz 2 des Gesetzes selbständig sind, oder
2. Nebenstellen oder Teilen einer Dienststelle, die räumlich weit von dieser entfernt liegen und nicht als selbständige Dienststellen nach § 7 des Gesetzes gelten,

kann der Wahlvorstand die Stimmabgabe in diesen Stellen durchführen oder die schriftliche Stimmabgabe anordnen. ²Wird die schriftliche Stimmabgabe angeordnet, so hat der Wahlvorstand den wahlberechtigten Beschäftigten die in § 17 Abs. 1 bezeichneten Unterlagen zu übersenden.

§ 20 Feststellung des Wahlergebnisses

(1) Unverzüglich nach Abschluß der Wahl nimmt der Wahlvorstand öffentlich die Auszählung der Stimmen vor und stellt das Ergebnis fest.

(2) Nach Öffnung der Wahlurne entnimmt der Wahlvorstand die Stimmzettel den Wahlumschlägen und prüft ihre Gültigkeit.

(3) Der Wahlvorstand zählt
1. im Falle der Verhältniswahl die auf jede Vorschlagsliste,
2. im Falle der Personenwahl die auf jeden einzelnen Bewerber

entfallenen gültigen Stimmzettel zusammen.

(4) Stimmzettel, über deren Gültigkeit oder Ungültigkeit der Wahlvorstand beschließt, weil sie zu Zweifeln Anlaß geben, sind mit fortlaufender

Nummer zu versehen und von den übrigen Stimmzetteln gesondert bei den Wahlunterlagen aufzubewahren.

§ 21 Wahlniederschrift
(1) ¹Über das Wahlergebnis fertigt der Wahlvorstand eine Niederschrift, die von sämtlichen Mitgliedern des Wahlvorstandes zu unterzeichnen ist. ²Die Niederschrift muß enthalten
1. bei Gruppenwahl die Summe der von jeder Gruppe abgegebenen Stimmen, bei gemeinsamer Wahl die Summe aller abgegebenen Stimmen,
2. bei Gruppenwahl die Summe der von jeder Gruppe abgegebenen gültigen Stimmen, bei gemeinsamer Wahl die Summe aller abgegebenen gültigen Stimmen,
3. die Zahl der für jede Gruppe abgegebenen ungültigen Stimmen, bei gemeinsamer Wahl die Summe aller abgegebenen ungültigen Stimmen,
4. die für die Gültigkeit oder die Ungültigkeit zweifelhafter Stimmen maßgebenden Gründe,
5. im Falle der Verhältniswahl die Zahl der auf jede Vorschlagsliste entfallenen gültigen Stimmen sowie die Errechnung der Höchstzahlen und ihre Verteilung auf die Vorschlagslisten, im Falle der Personenwahl die Zahl der auf jeden Bewerber entfallenen gültigen Stimmen,
6. die Namen der gewählten Bewerber.

(2) Besondere Vorkommnisse bei der Wahlhandlung oder der Feststellung des Wahlergebnisses sind in der Niederschrift zu vermerken.

§ 22 Benachrichtigung der gewählten Bewerber
¹Der Wahlvorstand benachrichtigt die als Personalratsmitglieder Gewählten unverzüglich schriftlich gegen Empfangsbestätigung, erforderlichenfalls durch eingeschriebenen Brief, von ihrer Wahl. ²Erklärt ein Gewählter nicht binnen drei Arbeitstagen nach Zugang der Benachrichtigung dem Wahlvorstand, daß er die Wahl ablehne, so gilt die Wahl als angenommen.

§ 23 Bekanntmachung des Wahlergebnisses
Der Wahlvorstand gibt das Wahlergebnis und die Namen der als Personalratsmitglieder gewählten Bewerber durch zweiwöchigen Aushang an

den Stellen bekannt, an denen das Wahlausschreiben bekanntgemacht worden ist.

§ 24 Aufbewahrung der Wahlunterlagen
Die Wahlunterlagen (Niederschriften, Bekanntmachungen, Stimmzettel, Freiumschläge für die schriftliche Stimmabgabe usw.) werden vom Personalrat mindestens bis zur Durchführung der nächsten Personalratswahl aufbewahrt.

Zweiter Abschnitt
Besondere Vorschriften für die Wahl mehrerer Personalratsmitglieder oder Gruppenvertreter

Erster Unterabschnitt
Wahlverfahren bei Vorliegen mehrerer Wahlvorschläge (Verhältniswahl)

§ 25 Voraussetzungen für Verhältniswahl, Stimmzettel, Stimmabgabe
(1) ¹Nach den Grundsätzen der Verhältniswahl (Listenwahl) ist zu wählen, wenn
1. bei Gruppenwahl für die betreffende Gruppe mehrere gültige Wahlvorschläge,
2. bei gemeinsamer Wahl mehrere gültige Wahlvorschläge

eingegangen sind. ²In diesen Fällen kann jeder Wähler seine Stimme nur für den gesamten Wahlvorschlag (Vorschlagsliste) abgeben.

(2) Auf dem Stimmzettel sind die Vorschlagslisten in der nach § 12 Abs. 1 ermittelten Reihenfolge unter Angabe von Familienname, Vorname, Amts- oder Funktionsbezeichnung und Gruppenzugehörigkeit der an erster und zweiter Stelle benannten Bewerber, bei gemeinsamer Wahl der für die Gruppen an erster Stelle benannten Bewerber untereinander aufzuführen; bei Listen, die mit einem Kennwort versehen sind, ist auch das Kennwort anzugeben.

(3) Der Wähler hat auf dem Stimmzettel die Vorschlagsliste anzukreuzen, für die er seine Stimme abgeben will.

§ 26 Ermittlung der gewählten Gruppenvertreter bei Gruppenwahl

(1) [1]Bei Gruppenwahl werden die Summen der auf die einzelnen Vorschlagslisten jeder Gruppe entfallenen Stimmen nebeneinandergestellt und der Reihe nach durch 1, 2, 3 usw. geteilt. [2]Auf die jeweils höchste Teilzahl (Höchstzahl) wird so lange ein Sitz zugeteilt, bis alle der Gruppe zustehenden Sitze (§ 5) verteilt sind. [3]Ist bei gleichen Höchstzahlen nur noch ein Sitz oder sind bei drei gleichen Höchstzahlen nur noch zwei Sitze zu verteilen, so entscheidet das Los.

(2) Enthält eine Vorschlagsliste weniger Bewerber als ihr nach den Höchstzahlen Sitze zustehen würden, so fallen die überschüssigen Sitze den übrigen Vorschlagslisten in der Reihenfolge der nächsten Höchstzahlen zu.

(3) Innerhalb der Vorschlagslisten sind die Sitze auf die Bewerber in der Reihenfolge ihrer Benennung (§ 8 Abs. 2) zu verteilen.

§ 27 Ermittlung der gewählten Gruppenvertreter bei gemeinsamer Wahl

(1) [1]Bei gemeinsamer Wahl werden die Summen der auf die einzelnen Vorschlagslisten entfallenen Stimmen nebeneinandergestellt und der Reihe nach durch 1, 2, 3 usw. geteilt. [2]Die jeder Gruppe zustehenden Sitze werden getrennt, jedoch unter Verwendung derselben Teilzahlen ermittelt. [3]§ 26 Abs. 1 Satz 2 und 3 gilt entsprechend.

(2) Enthält eine Vorschlagsliste weniger Bewerber einer Gruppe, als dieser nach den Höchstzahlen Sitze zustehen würden, so fallen die restlichen Sitze dieser Gruppe den Angehörigen derselben Gruppe auf den übrigen Vorschlagslisten in der Reihenfolge der nächsten Höchstzahlen zu.

(3) Innerhalb der Vorschlagslisten werden die den einzelnen Gruppen zustehenden Sitze auf die Angehörigen der entsprechenden Gruppe in der Reihenfolge ihrer Benennung verteilt.

Zweiter Unterabschnitt
Wahlverfahren bei Vorliegen eines Wahlvorschlages (Personenwahl)

§ 28 Voraussetzungen für Personenwahl, Stimmzettel, Stimmabgabe
(1) ¹Nach den Grundsätzen der Personenwahl ist zu wählen, wenn
1. bei Gruppenwahl für die betreffende Gruppe nur ein gültiger Wahlvorschlag,
2. bei gemeinsamer Wahl nur ein gültiger Wahlvorschlag

eingegangen ist. ²In diesen Fällen kann jeder Wähler nur solche Bewerber wählen, die in dem Wahlvorschlag aufgeführt sind.

(2) ¹In den Stimmzettel werden die Bewerber aus dem Wahlvorschlag in unveränderter Reihenfolge unter Angabe von Familienname, Vorname, Amts- oder Funktionsbezeichnung und Gruppenzugehörigkeit übernommen. ²Der Wähler hat auf dem Stimmzettel die Namen der Bewerber anzukreuzen, für die er seine Stimme abgeben will. ³Der Wähler darf
1. bei Gruppenwahl nicht mehr Namen ankreuzen, als für die betreffende Gruppe Vertreter zu wählen sind,
2. bei gemeinsamer Wahl nicht mehr Namen ankreuzen, als Personalratsmitglieder zu wählen sind.

§ 29 Ermittlung der gewählten Bewerber
(1) Bei Gruppenwahl sind die Bewerber in der Reihenfolge der jeweils höchsten auf sie entfallenen Stimmenzahlen gewählt.

(2) Bei gemeinsamer Wahl werden die den einzelnen Gruppen zustehenden Sitze mit den Bewerbern dieser Gruppen in der Reihenfolge der jeweils höchsten auf sie entfallenen Stimmenzahlen besetzt.

(3) Bei gleicher Stimmenzahl entscheidet das Los.

Dritter Abschnitt
Besondere Vorschriften für die Wahl eines Personalratsmitgliedes oder eines Gruppenvertreters (Personenwahl)

§ 30 Voraussetzungen für Personenwahl, Stimmzettel, Stimmabgabe, Wahlergebnis
(1) Nach den Grundsätzen der Personenwahl ist zu wählen, wenn
1. bei Gruppenwahl nur ein Vertreter,

2. bei gemeinsamer Wahl nur ein Personalratsmitglied zu wählen ist.

(2) In den Stimmzettel werden die Bewerber aus den Wahlvorschlägen in alphabetischer Reihenfolge unter Angabe von Familienname, Vorname, Amts- oder Funktionsbezeichnung übernommen.

(3) Der Wähler hat auf dem Stimmzettel den Namen des Bewerbers anzukreuzen, für den er seine Stimme abgeben will.

(4) ¹Gewählt ist der Bewerber, der die meisten Stimmen erhalten hat. ²Bei gleicher Stimmenzahl entscheidet das Los.

Vierter Abschnitt
Wahl der Vertreter der nichtständig Beschäftigten

§ 31 *(weggefallen)*

Zweiter Teil
Wahl des Bezirkspersonalrates

§ 32 Entsprechende Anwendung der Vorschriften über die Wahl des Personalrates
Für die Wahl des Bezirkspersonalrates gelten die §§ 1 bis 30 entsprechend, soweit sich aus den §§ 33 bis 41 nichts anderes ergibt.

§ 33 Leitung der Wahl
(1) ¹Der Bezirkswahlvorstand leitet die Wahl des Bezirkspersonalrates. ²Die Durchführung der Wahl in den einzelnen Dienststellen übernehmen die örtlichen Wahlvorstände im Auftrag und nach Richtlinien des Bezirkswahlvorstandes.

(2) Der örtliche Wahlvorstand gibt die Namen der Mitglieder des Bezirkswahlvorstandes und gegebenenfalls der Ersatzmitglieder und die dienstliche Anschrift seines Vorsitzenden in der Dienststelle durch Aushang bis zum Abschluß der Stimmabgabe bekannt.

§ 34 Feststellung der Beschäftigtenzahl, Wählerverzeichnis
(1) Die örtlichen Wahlvorstände stellen die Zahl der in den Dienststellen in der Regel Beschäftigten und ihre Verteilung auf die Gruppen fest und teilen diese Zahlen unverzüglich schriftlich dem Bezirkswahlvorstand mit.

(2) ¹Die Aufstellung der Wählerverzeichnisse und die Behandlung von Einsprüchen ist Aufgabe der örtlichen Wahlvorstände. ²Sie teilen dem Bezirkswahlvorstand die Zahl der wahlberechtigten Beschäftigten, getrennt nach Gruppenzugehörigkeit, unverzüglich schriftlich mit. ³Innerhalb der Gruppen sind die Anteile der Geschlechter festzustellen.

§ 35 Ermittlung der Zahl der zu wählenden Bezirkspersonalratsmitglieder, Verteilung der Sitze auf die Gruppen
(1) Der Bezirkswahlvorstand ermittelt die Zahl der zu wählenden Mitglieder des Bezirkspersonalrates und die Verteilung der Sitze auf die Gruppen.

(2) Ist eine abweichende Verteilung der Mitglieder des Bezirkspersonalrates auf die Gruppen nicht beschlossen worden und entfallen bei der Verteilung der Sitze nach § 5 Abs. 2 auf eine Gruppe weniger Sitze, als ihr nach § 89 Absatz 4 des Gesetzes mindestens zustehen, so erhält sie die in § 89 Absatz 4 des Gesetzes vorgeschriebene Zahl von Sitzen.

§ 36 Gleichzeitige Wahl

Die Wahl des Bezirkspersonalrates soll möglichst gleichzeitig mit der Wahl der Personalräte in demselben Bezirk stattfinden.

§ 37 Wahlausschreiben

(1) Der Bezirkswahlvorstand erläßt das Wahlausschreiben.

(2) Der örtliche Wahlvorstand gibt das Wahlausschreiben in der Dienststelle an einer oder mehreren geeigneten, den Wahlberechtigten zugänglichen Stellen durch Aushang in gut lesbarem Zustande bis zum Abschluß der Stimmabgabe bekannt.

(3) Das Wahlausschreiben muß enthalten
1. Ort und Tag seines Erlasses,
2. die Zahl der zu wählenden Mitglieder des Bezirkspersonalrates, getrennt nach Gruppen,
2a. Angaben über die Anteile der Geschlechter innerhalb des Geschäftsbereichs, getrennt nach Gruppen,
3. Angaben darüber, ob die Gruppen ihre Vertreter in getrennten Wahlgängen wählen (Gruppenwahl) oder vor Erlaß des Wahlausschreibens gemeinsame Wahl beschlossen worden ist,
4. den Hinweis, daß nur Beschäftigte wählen können, die in das Wählerverzeichnis eingetragen sind,
4a. den Hinweis, daß die Geschlechter im Bezirkspersonalrat entsprechend dem Zahlenverhältnis vertreten sein sollen,
5. die Mindestzahl von wahlberechtigten Beschäftigten, von denen ein Wahlvorschlag unterzeichnet sein muß, und den Hinweis, daß jeder Beschäftigte nur auf einem Wahlvorschlag benannt werden kann,
5a. den Hinweis, daß der Wahlvorschlag einer im Geschäftsbereich der Behörde der Mittelstufe vertretenen Gewerkschaft von zwei Beauftragten unterzeichnet sein muß (§ 89 Absatz 2 in Verbindung mit § 20 Absatz 5 des Gesetzes),
6. die Aufforderung, Wahlvorschläge binnen achtzehn Kalendertagen nach dem Erlaß des Wahlausschreibens beim Bezirkswahlvorstand einzureichen, der letzte Tag der Einreichungsfrist ist anzugeben,
7. den Hinweis, daß nur fristgerecht eingereichte Wahlvorschläge berücksichtigt werden und daß nur gewählt werden kann, wer in einen solchen Wahlvorschlag aufgenommen ist,
8. den Tag oder die Tage der Stimmabgabe.

(4) Der örtliche Wahlvorstand ergänzt das Wahlausschreiben durch die folgenden Angaben:
1. die Angabe, wo und wann das für die örtliche Dienststelle aufgestellte Wählerverzeichnis und diese Wahlordnung zur Einsicht ausliegen,
2. den Hinweis, daß Einsprüche gegen das Wählerverzeichnis nur binnen sechs Arbeitstagen seit seiner Auslegung schriftlich beim örtlichen Wahlvorstand eingelegt werden können, der letzte Tag der Einspruchsfrist ist anzugeben,
3. den Ort, an dem die Wahlvorschläge bekanntgegeben werden,
4. den Ort und die Zeit der Stimmabgabe,
5. einen Hinweis auf die Möglichkeit der schriftlichen Stimmabgabe, gegebenenfalls auf die Anordnung der schriftlichen Stimmabgabe nach § 19,
6. den Ort und die Zeit der Stimmenauszählung,
7. den Ort, an dem Einsprüche und andere Erklärungen gegenüber dem Wahlvorstand abzugeben sind.

(5) Der örtliche Wahlvorstand vermerkt auf dem Wahlausschreiben den ersten und letzten Tag des Aushanges.

(6) Offenbare Unrichtigkeiten des Wahlausschreibens können vom Bezirkswahlvorstand jederzeit berichtigt werden.

(7) Mit Erlaß des Wahlausschreibens ist die Wahl eingeleitet.

§ 38 Bekanntmachungen des Bezirkswahlvorstandes
Bekanntmachungen nach den §§ 11 und 13 sind in gleicher Weise wie das Wahlausschreiben in den Dienststellen auszuhängen.

§ 39 Sitzungsniederschriften
(1) ¹Der Bezirkswahlvorstand fertigt über jede Sitzung, in der er einen Beschluß gefaßt hat, eine Niederschrift. ²Die Niederschrift ist von sämtlichen Mitgliedern des Bezirkswahlvorstandes zu unterzeichnen.

(2) Die Niederschrift über die Sitzungen, in denen über Einsprüche gegen das Wählerverzeichnis entschieden ist, fertigt der örtliche Wahlvorstand.

§ 40 Stimmabgabe, Stimmzettel
¹Findet die Wahl des Bezirkspersonalrates zugleich mit der Wahl der Personalräte statt, so kann für die Stimmabgabe zu beiden Wahlen derselbe

Umschlag verwendet werden. Für die Wahl des Bezirkspersonalrates sind Stimmzettel von anderer Farbe als für die Wahl des Personalrates zu verwenden.

§ 41 Feststellung und Bekanntmachung des Wahlergebnisses

(1) [1]Die örtlichen Wahlvorstände zählen die auf die einzelnen Vorschlagslisten oder, wenn Personenwahl stattgefunden hat, die auf die einzelnen Bewerber entfallenen Stimmen. [2]Sie fertigen eine Wahlniederschrift gemäß § 21.

(2) [1]Die Niederschrift ist unverzüglich nach Feststellung des Wahlergebnisses dem Bezirkswahlvorstand eingeschrieben oder fernschriftlich zu übersenden. [2]Die bei der Dienststelle entstandenen Unterlagen für die Wahl des Bezirkspersonalrates (§ 24) werden zusammen mit einer Abschrift der Niederschrift vom Personalrat aufbewahrt.

(3) Der Bezirkswahlvorstand zählt unverzüglich die auf jede Vorschlagsliste oder, wenn Personenwahl stattgefunden hat, die auf jeden einzelnen Bewerber entfallenen Stimmen zusammen und stellt das Ergebnis der Wahl fest.

(4) [1]Sobald die Namen der als Mitglieder des Bezirkspersonalrates gewählten Bewerber feststehen, teilt sie der Bezirkswahlvorstand den örtlichen Wahlvorständen mit. [2]Die örtlichen Wahlvorstände geben sie durch zweiwöchigen Aushang in der gleichen Weise wie das Wahlausschreiben bekannt.

Dritter Teil
Wahl des Hauptpersonalrates

§ 42 Entsprechende Anwendung der Vorschriften über die Wahl des Bezirkspersonalrates
Für die Wahl des Hauptpersonalrates gelten die §§ 32 bis 41 entsprechend, soweit sich aus den §§ 43 und 44 nichts anderes ergibt.

§ 43 Leitung der Wahl
Der Hauptwahlvorstand leitet die Wahl des Hauptpersonalrates.

§ 44 Durchführung der Wahl nach Bezirken
(1) ¹Der Hauptwahlvorstand kann die bei den Behörden der Mittelstufe bestehenden oder auf sein Ersuchen bestellten örtlichen Wahlvorstände beauftragen,
1. die von den örtlichen Wahlvorständen im Bereich der Behörde der Mittelstufe festzustellenden Zahlen der in der Regel Beschäftigten und ihre Verteilung auf die Gruppen zusammenzustellen,
2. die Zahl der im Bereich der Behörde der Mittelstufe wahlberechtigten Beschäftigten, getrennt nach ihrer Gruppenzugehörigkeit und innerhalb der Gruppen nach den Anteilen der Geschlechter, festzustellen,
3. die bei den Dienststellen im Bereich der Behörde der Mittelstufe festgestellten Wahlergebnisse zusammenzustellen,
4. Bekanntmachungen des Hauptwahlvorstandes an die übrigen örtlichen Wahlvorstände im Bereich der Behörde der Mittelstufe weiterzuleiten.

²Die Wahlvorstände bei den Behörden der Mittelstufe unterrichten in diesen Fällen die übrigen örtlichen Wahlvorstände im Bereich der Behörde der Mittelstufe darüber, daß die in den Nummern 1 bis 3 genannten Angaben an sie einzusenden sind.

(2) Die Wahlvorstände bei den Behörden der Mittelstufe fertigen über die Zusammenstellung der Wahlergebnisse (Absatz 1 Satz 1 Nr. 3) eine Niederschrift.

(3) Die Wahlvorstände bei den Behörden der Mittelstufe übersenden dem Hauptwahlvorstand unverzüglich eingeschrieben oder fernschriftlich die in Absatz 1 Satz 1 Nr. 1, 2 genannten Zusammenstellungen und die Niederschrift über die Zusammenstellung der Wahlergebnisse (Absatz 2).

Vierter Teil
Wahl des Gesamtpersonalrates

§ 45 Entsprechende Anwendung der Vorschriften über die Wahl des Personalrates
Für die Wahl des Gesamtpersonalrates gelten die §§ 32 bis 41 entsprechend.

Fünfter Teil
Wahl der Jugend- und Auszubildendenvertreter

§ 46 Vorbereitung und Durchführung der Wahl der Jugend- und Auszubildendenvertretung

(1) ¹Für die Vorbereitung und Durchführung der Wahl der Jugend- und Auszubildendenvertreter gelten die §§ 1 bis 3, 6 bis 25, 28 und 30 entsprechend mit der Abweichung, dass sich die Zahl der zu wählenden Jugend- und Auszubildendenvertreter ausschließlich aus § 101 Absatz 1 des Gesetzes ergibt und dass die Vorschriften über Gruppenwahl (§ 19 Absatz 2 des Gesetzes), über den Minderheitenschutz (§ 17 Absatz 3 und 4 des Gesetzes) und über die Zusammenfassung der Bewerber in den Wahlvorschlägen nach Gruppen (§ 8 Absatz 2 Satz 3) nicht anzuwenden sind. ²Dem Wahlvorstand muss mindestens ein nach § 15 des Gesetzes wählbarer Beschäftigter angehören.

(2) ¹Sind mehrere Jugend- und Auszubildendenvertreter zu wählen und ist die Wahl auf Grund mehrerer Vorschlagslisten durchgeführt worden, so werden die Summen der auf die einzelnen Vorschlagslisten entfallenen Stimmen nebeneinandergestellt und der Reihe nach durch 1, 2, 3 usw. geteilt. ²Auf die jeweils höchste Teilzahl (Höchstzahl) wird so lange ein Sitz zugeteilt, bis alle Sitze (§ 101 Absatz 1 des Gesetzes) verteilt sind. ³§ 26 Abs. 1 Satz 3, Abs. 2 und 3 findet Anwendung.

(3) Sind mehrere Jugend- und Auszubildendenvertreter zu wählen und ist die Wahl auf Grund eines Wahlvorschlages durchgeführt worden, so sind die Bewerber in der Reihenfolge der jeweils höchsten auf sie entfallenen Stimmenzahlen gewählt; bei Stimmengleichheit entscheidet das Los.

§ 47 Wahl der Jugend- und Auszubildendenstufenvertretungen

(1) ¹Für die Wahl der Jugend- und Auszubildendenstufenvertretungen nach § 107 Absatz 1 des Gesetzes gelten die §§ 33 bis 41, 43, 44 und 46 entsprechend. ²In Dienststellen, denen in der Regel weniger als fünf Beschäftigte angehören, die das 18. Lebensjahr noch nicht vollendet haben oder die sich in einer beruflichen Ausbildung befinden, führt der Bezirks- oder Hauptwahlvorstand die Wahl der Jugend- und Auszubildendenstufenvertretungen durch. ³In den genannten Dienststellen werden keine Wahlvorstände bestellt; der Bezirks- oder Hauptwahlvorstand

kann die schriftliche Stimmabgabe anordnen. ⁴In diesem Fall hat der Bezirks- oder Hauptwahlvorstand den in Satz 2 genannten Beschäftigten, die wahlberechtigt sind, die in § 17 Absatz 1 bezeichneten Unterlagen zu übersenden.

(2) Für die Wahl der Gesamt-Jugend- und Auszubildendenvertretung nach § 107 Absatz 2 des Gesetzes gelten Absatz 1 und § 46 entsprechend.

Sechster Teil
Besondere Verwaltungszweige

§ 48 *(weggefallen)*

§ 49 Personalvertretungen im Bundesnachrichtendienst
Für den Bundesnachrichtendienst gilt diese Wahlordnung mit folgenden Abweichungen:
1. Bei der Erstellung der Wahlunterlagen sind die Sicherheitsbestimmungen des Bundesnachrichtendienstes zu beachten. An die Stelle der Bekanntmachung durch Aushang tritt die im Bundesnachrichtendienst übliche Bekanntmachung. Die Bekanntmachungen müssen den Beschäftigten für die Dauer der in den einzelnen Vorschriften bestimmten Zeiträume zur Einsichtnahme während der Dienststunden zugänglich sein.
2. § 2 Abs. 3 ist mit der Maßgabe anzuwenden, daß die Beschäftigten nur das Wählerverzeichnis ihrer Gruppe einsehen dürfen.
3. Wird nach § 17 Abs. 1 Satz 3 ein Abdruck des Wahlausschreibens ausgehändigt oder versandt, so darf dieser nicht die Angaben nach § 6 Abs. 2 Nr. 2 und 7 enthalten.
4. Die Beschäftigten von Teilen einer Dienststelle, die räumlich von dieser entfernt liegen, geben ihre Stimme schriftlich ab.

§ 49a
–

§ 50 Wahl einer Personalvertretung im Inland durch Beschäftigte in Dienststellen des Bundes im Ausland
(1) ¹Der Haupt- oder Bezirkswahlvorstand kann für die Wahl der Stufenvertretung durch Beschäftigte in Dienststellen des Bundes im Ausland die schriftliche Stimmabgabe anordnen. ²Entsprechendes gilt für die Wahl eines Gesamtpersonalrates.

(2) ¹Auf die Wahl des Personalrates des Auswärtigen Amtes durch die in § 121 Absatz 3 Satz 1 des Gesetzes bezeichneten Beschäftigten sind die §§ 32 bis 41 sinngemäß anzuwenden. ²Der Wahlvorstand kann für die Wahl durch die in Satz 1 bezeichneten Beschäftigten die schriftliche Stimmabgabe anordnen.

(3) Wird nach Absatz 1 oder 2 die schriftliche Stimmabgabe angeordnet, hat der Wahlvorstand den wahlberechtigten Beschäftigten die in § 17 Abs. 1 bezeichneten Unterlagen zu übersenden.

§ 51 Vertrauensperson der lokal Beschäftigten (§ 120 des Gesetzes)

(1) ¹Der Personalrat bestellt spätestens drei Wochen vor dem Ablauf der Amtszeit der Vertrauensperson der lokal Beschäftigten drei lokal Beschäftigte als Wahlvorstand und bestimmt einen von ihnen als Vorsitzenden. ²Hat der Personalrat den Wahlvorstand nicht fristgemäß bestellt oder besteht in der Dienststelle kein Personalrat, so bestellt der Leiter der Dienststelle den Wahlvorstand. ³Sind lokal Beschäftigte nicht oder nicht in ausreichender Zahl zur Übernahme des Wahlvorstandsamtes bereit, können wahlberechtigte Beschäftigte bestellt werden.

(2) Der Wahlvorstand hat unverzüglich eine Versammlung der lokal Beschäftigten einzuberufen. In dieser Versammlung ist die Wahl der Vertrauensperson und ihrer Stellvertreter durchzuführen.

(3) ¹Ist eine geheime Wahl vorzunehmen (§ 120 Absatz 2 Satz 1 zweiter Halbsatz des Gesetzes), so ist wie folgt zu verfahren:

²Der Wahlvorstand verteilt unbeschriebene Stimmzettel von gleicher Farbe und Größe. ³Jeder Wähler schreibt den Namen eines Kandidaten auf seinen Stimmzettel, faltet diesen so, daß der Name verdeckt wird, und übergibt ihn dem Wahlvorstand. ⁴Dieser legt den Stimmzettel in Gegenwart des Wählers ungeöffnet in einen dafür bestimmten Behälter und hält den Namen des Wählers in einer Liste fest. ⁵Der Wahlvorstand trifft Vorkehrungen, daß die Wähler ihren Stimmzettel unbeobachtet beschreiben können. ⁶Hat der Wahlvorstand festgestellt, daß die Wahlhandlung beendet ist, zählt er unverzüglich und ohne Unterbrechung öffentlich die Stimmen aus und stellt das Ergebnis fest.

(4) ¹Zur Vertrauensperson gewählt ist der Kandidat, der die meisten Stimmen erhalten hat. ²Der Kandidat mit der zweithöchsten Stimmenzahl ist zum ersten Stellvertreter, der mit der dritthöchsten Stimmenzahl zum zweiten Stellvertreter gewählt. ³Bei gleicher Stimmenzahl entscheidet das Los.

Siebter Teil
Schlußvorschriften

§ 52 Berechnung von Fristen
¹Für die Berechnung der in dieser Verordnung festgelegten Fristen finden die §§ 186 bis 193 des Bürgerlichen Gesetzbuchs entsprechende Anwendung. ²Arbeitstage im Sinne dieser Wahlordnung sind die Wochentage Montag bis Freitag mit Ausnahme der gesetzlichen Feiertage.

§ 53 Übergangsregelung
Für Wahlen, zu deren Durchführung der Wahlvorstand spätestens vor dem 1. Oktober 2005 bestellt worden ist, ist die Wahlordnung zum Bundespersonalvertretungsgesetz in der bis zum 30. September 2005 geltenden Fassung anzuwenden.

§ 54 (Inkrafttreten)